華嚴世界的修行

胡順萍　著

元華文創

自　序

　　《華嚴經》共有八十卷三十九品，其內容豐富詳贍、涵攝範圍普廣，向被尊為佛門中的根本法輪。其先由佛始成正覺為經文的開序，且依佛正覺境界之所觀，則一切重重無盡的法界皆可相融為一體，一一皆是佛的境界，此中法義內涵著重在「一即多、多即一」的開演，此亦可謂是《華嚴經》第一根本法義的部分。對於重重無盡的法界皆可相融相攝為一體，即或是一微塵、一毫毛，皆可於其中得見十方三世一切重重無盡的諸佛世界，對於如是的法義論述，此於一般常人而言，甚難以在現實世間裡得到印證，以是之故，或多有以玄想或懸虛以觀華嚴所建構的法界觀，換言之；僅視華嚴境界為只是一種哲理上的論說而已。

　　然《華嚴經》除重重無盡法界觀之外，其另一部份有關善財童子五十三參的內容，則較能為大眾所熟悉與理解，此中所欲彰顯的意旨是：依於參訪不同善知識的過程，其真實目的則在說明如何與不同法界眾生相處，換言之；唯能深入一切眾生界時，並能與之相融和諧之時，則華嚴的法界觀即可成為是一現實可完成之事，此中只存在著確然的修行與實證始可達之，至此，或可解決一般人較難以理解的華嚴重重無盡的法界觀。

　　依於以上如是的思維，以是，本文除論述《華嚴經》如來依正莊嚴的境地與「一與多」的法義外，更將重心置於《華嚴經》的修證歷程與深入法界的目的等。在引用經文為論述之根據時，期望能以較貼近於現實修行上能有所助益與方向的把握，是為論述的意旨，是為序。

胡順萍

目　錄

參、《華嚴經》修證的歷程

肆、《華嚴經》時空間的維次

伍、《華嚴經》深入法界的目的

附錄：論《華嚴經》「佛始成正覺」與《六祖壇經》「自性具足」之義涵

壹、
《華嚴經》如來依正莊嚴的境地

人人皆同一正覺平等心

「如是我聞，一時佛在摩竭提國，阿蘭若法菩提場中，始成正覺。爾時，世尊處於此座，於一切法成最正覺。智入三世悉皆平等，其身充滿一切世間，其音普順十方國土，譬如虛空具含眾像，於諸境界無所分別；又如虛空普遍一切，於諸國土平等隨入。」（〈世主妙嚴品〉）

佛教的經、律、論三藏，隨著佛教各門各宗的發展，以及歷代高僧大德的注疏等，其內涵多元與龐複，若以「浩如煙海」形容之，實然亦不為過。《華嚴經》的組織形成與內容架構，是佛學發展至一相當階段始有之，此歷程或可言就是一種「勢」，即佛學思想發展的必然趨勢，不僅是整個佛教為彰顯全體法義所形成的一種嚮往與願景，也可說是佛教將予全體法界修學者一種最高的期許──即人人皆可成佛，且不限時、空間；換言之，在同一時、空間中可以有無量無數的成佛者。總言之，《華嚴經》的根本旨趣是在營建一個「十方成佛」光明遍照的場景。

於一般常人而言，總以為成佛、成聖是多麼遙不可及的事，更有甚者以為成佛與自己無關，只要能日常賺錢過日子，此才是人生的正途，甚至有對終日以淨修為本的人，視之為不事生產者，此從歷代或有若干因宗教所引發的事件可觀得一二。實然，人的一生確然是以衣食為本，此乃為生命的最基本要求。唯當在衣食能滿足之後，屆時又將如何界定所謂的滿足呢？於多數人而言，對物質的追求是無有窮盡的，好還要更好，此中，若不能有所覺醒與知所節制，將發現只會令自己更加的煩惱與痛苦，以是可知，若僅止於物質上的在意與計較，是無法帶來幸福與快樂的生活。反之，若能在心靈的境界上力求提昇與超越，則另一方面於物質上自能隨意與知足，如是，將會發現此中所獲得的喜悅與自在，是有形的物質所不能

達到的。一旦能將心力投注於自覺與覺他之上，則個己生命將與一切存在的人、事、物產生連結網，這就是華嚴所謂「一即一切，一切即一」的世界網。簡言之，個己的成就即是一切的成就，顯然，如是的生命與生活，將是一種全面的分享，也是一種互為緊密相關牽連的共同體，此中，已無有個己單一的存在，一切的德行、智慧、福報、相好等，皆是共成與共有，這就是華嚴所營建的世界網的生活。

觀此文所描繪佛「始成正覺」的境界，此中關鍵在「始成」，「始」代表最初的體證，此恍若剛由凡塵昇上聖界，而佛的正覺代表智與行的一切圓滿，以佛的智行與心境以觀一切法界，則一切法界的呈現皆將如佛境般的一切圓滿具足，故謂其是：「智入三世悉皆平等，其身充滿一切世間，其音普順十方國土，譬如虛空具含眾像；又如虛空普遍一切，於諸境界無所分別，於諸國土平等隨入。」此雖是對佛心境的描繪，實然，就是要學人效法學習能以正覺心境以對待一切的人、事、物，這就是華嚴的修行與生活。

 ## 人際經營學的布施、愛語、利行與同事

「爾時如來道場眾海，悉已雲集。無邊品類，周匝徧滿。形色部從，各各差別，隨所來方，親近世尊，一心瞻仰。此諸眾會，已離一切煩惱心垢，及其餘習摧重障山，見佛無礙。如是皆以毘盧遮那如來，往昔之時，於劫海中修菩薩行，以四攝事而曾攝受。一一佛所，種善根時，皆已善攝種種方便，教化成熟，令其安立一切智道，種無量善，獲眾大福，悉已入於方便願海。」（〈世主妙嚴品〉）

人的習氣是依在不同時、空間中，所有一切人、事、物等呈現的薰習

而成，簡言之，則如《三字經》所云：「人之初，性本善。性相近，習相遠。」此中除肯認人性為本善之外，雖言於近代人性學家研究所論，人性無法僅以性善、性惡或不善不惡為界分，因人性本是複雜的，將依與不同的人、事、物相對應而產生善或惡的呈現。雖言如是，但肯認人性本善，是對人終可被教育成一人格較趨近於圓滿者的依據，亦可以言：成佛、成聖是有其必然性。又正因：人人皆有佛性、聖性，以是，眼前一切不善的言行舉止皆可被修正而恢復成良善。唯在人性本善的立基之下，此為平等、為一，然又因習氣的不同，以致產生聖與凡或佛與眾生的不同，此即是差別、為分。

《華嚴經》先以佛始成正覺為經文的開序，而佛的正覺境地，實然就是一切眾生的本來面目。換言之，即或是「無邊品類，周匝徧滿，形色部從，各各差別」，但皆可「隨所來方，親近世尊，一心瞻仰」，此正可說明：習氣即或不同，但皆可立志行菩薩道、修菩薩行，此正顯信、解、行、證的必然可行，亦唯有真實能進入親證，才能再返回以顯信、解之真悟與行、證之確實。華嚴特為標舉清淨法身毘盧遮那佛，毘盧遮那義譯為「光明徧照」，此是為開顯說明：一切眾生皆本來是佛，佛佛之光本相融為一體，且徧照無量無邊的法界，此是一切眾生的本來如是。正因本來如是，以是在歷劫的生死流轉之中，即或有千差萬別的習氣品類，但因於如是的本來，故一切眾生皆可在不同的善根之中而成就正等正覺。

如經文所云：「如是皆以毘盧遮那如來，往昔之時，於劫海中修菩薩行，以四攝事而曾攝受。」此中，以四攝法（布施、愛語、利行、同事）為修行的重點，這四種方法就是一種人際關係的經營學，能適時的送禮、關懷、助人、同理心的表現等，簡言之，如何與眾生相處是菩薩修行的第一步。佛、菩薩是真性情者，唯其真性情並非僅止於一人、一事、一物而已，佛、菩薩的真性情是大慈大悲，是對法界一切眾生的欲度化之心的無限開

展。若當個己的生命境地，是立於廣大無邊的各法界時，其所需的善根與方便，絕非一智一行所可以處之，以是之故，佛、菩薩是依於精進以成就之。

 精勤修行自能與諸佛相會

「持國乾達婆王，得自在方便攝一切眾生解脫門。……鳩槃荼王，得滅一切怨害力解脫門。……毘樓博叉龍王，得消滅一切諸龍趣熾然苦解脫門。……毘沙門夜叉王，得以無邊方便救護惡眾生解脫門。……善慧摩睺羅伽王，得以一切神通方便令眾生集功德解脫門。……」（〈世主妙嚴品〉）

唐‧澄觀大師於《華嚴經疏》對於「世主妙嚴」釋之云：「大方廣佛華嚴經者，即無盡修多羅之總名。佛及諸王，並稱世主。法門依正，具曰妙嚴。」又云：「華喻功德萬行，嚴謂飾法成人。」依之所論則「華嚴」所代表的意義就是一切經之總名，此已說明《華嚴經》所顯現的境界，是總括一切佛法（法界），故其「世主」是指「世」（一切法界）之「一切主」；各世主所處的法界或有不同，但在「華嚴」的世界中，則一切法皆是正法，皆是不可思議殊妙莊嚴。本〈世主妙嚴品〉主要在闡述有一淨土名「華藏莊嚴世界海」，佛於此中成正覺，諸菩薩、眾神、天王咸共圍繞，有不可思議數的香華妙飾供養此世界。為顯法界的無盡無邊，華嚴以「十」為一切圓滿的代表。故描繪：有十佛世界微塵數菩薩摩訶薩，所共圍繞此華藏莊嚴世界海，諸菩薩之所以能有如是的殊勝因緣，其原因是此諸菩薩往昔皆與毘盧遮那如來，共集善根，修菩薩行，皆從如來善根海生，於諸波羅蜜悉已圓滿。顯然，唯有眾神、天王、天子等，悉皆能勤修諸法，才能具足善因緣而圍繞共護此華藏莊嚴世界海。以下略舉出若干

各諸天神與其所修功德法：

名　號	所修功德或得成諸法
執金剛神	願常親近供養諸佛
身眾神	成就大願供養承事一切諸佛
主城神	嚴淨如來所居宮殿
主山神	於諸法得清淨眼
主藥神	性皆離垢，仁慈佑物
主稼神	得大喜成就
主水神	常勤救護一切眾生
主火神	示現種種光明，令諸眾生熱惱除滅
主夜神	勤修習，以法為樂
阿脩羅王	精勤摧伏我慢及諸煩惱

　　在華藏莊嚴世界海中，無邊品類無量無盡，但此中有一根本重點：即是皆將依所修的不同法門，以成就不同的願行與功德，將一切的願行與功德綜合而成，其所呈現的就是我們所處的世界，此是本品所欲彰顯的意義。以此觀點回歸現今我們所處的環境：於不同的各行各業之中，皆各有其不同的作用與價值，此中無法界分孰優孰劣，因一即一切，一切即一，全然皆是生命共同體。於現今的世界裡，即或有不同的國籍、種族、宗教、文化等，但確有一共同的方向與價值，簡言之，即是「斷一切惡、行一切善」，全世界各國須往追求最大的和平為本，彼此互助合作、共存共榮、收斂傲慢態度，能仁慈愛物、保護環境等，唯有如此，人類才能有真正的未來可言。當能細觀華嚴所欲呈現的內涵價值時，才能真正契入其真理法義，其所描繪的莊嚴圓滿世界，本是人類的願景，是可實證而得的，

絕非只是想像而已矣！

 ## 佛光與我之光本是相融相合

「爾時，世尊知諸菩薩心之所念，即於面門、眾齒之間放佛剎微塵數光明。所謂眾寶華徧照光明，出種種音莊嚴法界光明，垂布微妙雲光明，十方佛坐道場現神變光明。……如是等佛剎微塵數，一一復有佛剎微塵數光明，以為眷屬，其光悉聚眾妙寶色，普照十方。各一億佛剎微塵數世界海，彼世界海諸菩薩眾於光明中，各得見此華藏莊嚴世界海。」（〈如來現相品〉）

近幾十年來，科學有甚神速的進步，除於資訊網路上有空前的發展之外，科學家更將觸角置於對一切物質存在的來源有其觀察與實驗。對於眼前所見的一切物質，到底其產生的根本源頭又是什麼呢？也可以說：人們除研究可見的有形物質之外，更對有形之外的另一面向有深入的興趣與研究。本以為，研究形上學是哲學的領域，而形上學往往被視為是一種理論而已，是一種除物質之外於精神層面上的享受。唯如今，看似無法被證實的形上學，在科學的研究中，也一一有更明確的證實。據於科學的分析如是：組成物質的最小單位，名曰粒子，又曰量子或小光子，之所以名其為小光子，是因最小的單位皆有其光的存在。換言之，一切物質的存在，皆有其能量與能場的存在，且彼此之間皆是互為影響的。且將最小單位的粒子再粉碎，則物質本不存在，只剩下振動的頻率，科學家名其為波動理論，亦可言：一切物質皆依振動的頻率而存在，不同的物質則源於其振動頻率的不同所致。此振動頻率就是人的意念，若以更簡白的話說明就是：意念產生一切的物質，或如唯識宗所言的「三界唯心，萬法唯識」，一切

的物質皆是心現識變而成。顯然，本看似不可思議的華藏莊嚴世界海，經由科學的說明後，則將豁然開朗，亦可言：科學可為哲學作證明。

觀華嚴所描繪的光明世界，本是依於佛正覺所產生的光明遍照世界，佛光本與一切光是互為相融、相合為一體，是一種光光相照、相涉的光明境地。簡言之，所有的一切存在，皆本具如佛光般的光明遍照。唯當今現實所處的世界，其之所以如是的混亂、煩惱，充滿著戰爭、飢餓、病菌等，其因則在人人的造作上。今舉一譬喻以為說明：佛光本是光明無所不照，但外在的雲彩將影響佛光的所照，而雲彩代表的則是共業的形成；若是個人的撐傘以阻擋之，則是個人的別業。如是的譬喻，是為表達：我們所處的世界，本可以如同佛光般的光明、溫和與慈柔，然皆將因全體與個己的一切造作，以致無法產生如華藏莊嚴世界海般的光明與圓滿，而這就是修行有其必然。修行的入手處就在自己的意念上，人最難控制的就是自己的情緒，而情緒亦多因於所處的人、事、物，以是相應有喜、怒、哀、樂、愛、惡、欲，且世俗有言：「愛之欲其生，惡之欲其死」，愛與恨常常就在一念之間，當在自己的情緒起伏甚大之下，自認為反擊、打倒對方是一種最大的勝利時，但相對的，自己內心衝擊的反作用力亦將如是的回饋而來。想來：一切的修行就先從控制自己的情緒開始罷！

 ## 心定則能與一切眾生感同身受

「爾時，普賢菩薩摩訶薩，於如來前，坐蓮華藏師子之座。承佛神力，入于三昧。此三昧名一切諸佛毘盧遮那如來藏身，普入一切佛平等性。能於法界示眾影像，廣大無礙，同於虛空。法界海漩，靡不隨入。出生一切諸三昧法，普能包納十方法界。三世諸佛智光明海，皆從此生。十方所有諸安立海，悉能示現。含藏一切佛力，解脫諸菩薩智。能令一

切國土微塵，普能容受無邊法界。成就一切佛功德海，顯示如來諸大願海。一切諸佛所有法輪，流通護持，使無斷絕。」（〈普賢三昧品〉）

　　成佛的歷程，首重發心，故佛經特強調初發心的功德不可思量。然由一念的初發心，至究竟成佛，其間的歷程自有其淺深高下的不同，此則決定品蓮佛果的究竟。唯初發願心是否能堅固持續至永恆，則有賴三昧的修持，華嚴以普賢的願行為一圓滿的代表。今於八十《華嚴經》中有關以普賢為品名者有二：即本第三品的〈普賢三昧品〉與第三十六品〈普賢行品〉。其中〈普賢三昧品〉是以普賢菩薩為主要對象，闡述其入於三昧中的殊勝功德。「三昧」為「定」義；以修持定而言，定代表一心不亂、有理智、有方向、有主見與不易動搖等義。

　　本〈普賢三昧品〉是以普賢本具勝行為根本之下，其所入的三昧是「一切諸佛毘盧遮那如來藏身」，且在華嚴重重無盡、圓融無礙法界觀之下，所悟之境界即是「一真法界」，亦即是將法界歸於一心；換言之，唯心能定則必與毘盧遮那如來（代表一切諸佛）相融相入。於《華嚴經》中，普賢願行是特為後世所注意，唯個人願行的圓滿成就，則有待修持歷程的精進，而三昧的成就，實是成佛歷程所不可或缺的。唯或許可以一問：普賢既是一菩薩，其又將如何才能得與毘盧遮那如來相融相入呢？此答案即是「十方一切諸佛，共加於汝，以毘盧遮那如來本願力故」，此意謂十方一切諸佛的智慧一發動，普賢即能與之相互感應，故予普賢而言是「共加於汝」，唯普賢之所以能具有如是的智慧、神力，皆是普賢於過往歷劫修持的願力行所造成，故普賢的三昧，是一種定力，實則更是一種願力。

　　華嚴是以毘盧遮那為一切諸佛的總稱，以普賢的修行為證入的示現。在《華嚴經》中與三昧相關的名稱甚多，實然是為說明：定力修持的重要

性。佛門有三無漏學：「因戒得定，因定開慧」，戒、定、慧是三即一，亦是一即三，因一個有定力的人，自然守戒律、有智慧；同理，一個有智慧的人，則必能深悟戒律與持定的重要性。華嚴所營建的世界海，一再強調諸佛願力共加在一切眾生的身上，此乃立於佛的願力必然；換言之，在一切的修持過程中，只要自己能有戒、有定、有慧，自能與諸佛菩薩感應道交而不可思議，亦自能與眾生相融而無礙。

 ## 深信一意念可遍滿無盡法界

「一毛孔內難思剎，等微塵數種種住，一一皆有遍照尊，在眾會中宣妙法。於一塵中大小剎，種種差別如塵數，平坦高下各不同，佛悉往詣轉法輪。一切塵中所現剎，皆是本願神通力，隨其心樂種種殊，於虛空中悉能作。一切國土所有塵，一一塵中佛皆入，普為眾生起神變，毘盧遮那法如是。」（〈世界成就品〉）

智慧的開顯與傳承，是人類文化、文明進程的主要推手。從伏羲氏始畫八卦開始，人類在與大自然接觸的當下，如何表達天、地、水、火、雷、風、山、澤此八種最基本的物象，首先即以最簡單的符號為之表達，再經過歷代的開衍，於是文字逐漸成型。以文字記錄其最重要的貢獻即是能將前人的經驗得以傳承，後人只需在前人的經驗基礎之下，再精益求精，如是的傳承發展，終成就如今網際網路資訊科技的世代。觀現今的網路連結，正應合華嚴所描繪的華藏莊嚴世界海，在華藏世界海裡，遍虛空、盡法界，彼此皆是息息相關連結為一體，由一至十、百、千、萬，乃至無量無邊，依華嚴所採用的詞彙就是「一即一切，一切即一」。如《華嚴經》的描繪：於一毛孔中可見無量無盡微塵剎的諸佛國土，於每一國土

又再現無量無盡微塵剎的諸佛國土，如是的重重無盡、無量無邊，且又互相連結為一體。唯如是華嚴所論述的世界網，常人多以為只是一種「懸虛」的架構，總認為不過是一種哲學的想像而已。

然如今網際網路的現象，確可明證：由一至全世界是如此的快速與遍及。唯網際網路所能連結的內涵仍在我們所能見、能聞的世界裡，於不同的維次空間尚無法契及之。於今，科學家雖已肯定有不同維次空間的存在，所謂不同的維次空間，意指於時、空間感與人類不同，此於大多數的人而言或仍無法體會之，甚至認為與自己的生活無關。或許我們可在現實的世界裡如是的思維：對於一隻小螞蟻而言，其言前的坑洞等阻隔，於人類而言是看不到的，亦或是不成為阻礙的。甚且有物命的一生，其時間於人類而言或僅是一天而已。換言之，在現實世界裡，不同的物種生命，其時、空間感已有不同。當我們能有如是細膩的思維，則人類的吹一口氣，於小生物而言，或許就是一陣大颱風。同理，人類約八十年的一生，於不同維次而言，或許只是幾小時而已。

人類在地球上，總自以為是萬物之靈，而傲慢於其他的物命，實然，如是的心態與作為，完全是依於所知、所見被侷限而造成的無理無知。《華嚴經》以極大的篇幅一再地敷陳論述重重無盡、一層又一層的世界海，彼此相互相即，如是皆在說明：一切的存在，包含所有的飛、潛、動、植，乃至是一沙一石等，其能量與能場皆是彼此互為影響。也可以說：一個人的任何一個起心動念，皆將能對周遭人、事、物產生一定的影響，而這就是華嚴所欲揭示法界一體的境地。

 ## 隨眾生的心念呈現一切的法界

「爾時，普賢菩薩復告大眾言：諸佛子！此華藏莊嚴世界海，是

毘盧遮那如來往昔於世界海微塵數劫修菩薩行時，一一劫中親近世界海微塵數佛，一一佛所淨修世界海微塵數，大願之所嚴淨。……華藏世界海，法界等無別。莊嚴極清淨，安住於虛空。此世界海中，剎種難思議。一一皆自在，各各無雜亂。」（〈華藏世界品〉）

依華嚴的立宗，一即一切，一切即一，毘盧遮那法身不僅是一，亦是多，亦是十（圓滿義），故其世界自當不止於現實世界，而是盡法界、虛空界，以至十方三世等無量無數法界，層層的法界皆能微細無礙且廣大光明。在毘盧遮那法身所遍照一切光明之下，一切的差別世界，雖有層次的不同，但各個層次、各個世界皆是互為貫通相融的，如是的妙莊嚴世界海，就是華藏莊嚴世界海。《華嚴經》以十身具足的毘盧遮那法身，為累積無數修行所融攝為一全體的最高真理的所現，然此毘盧遮那法身的成就，亦是由毘盧遮那如來往昔於修菩薩行時，「一一劫中親近世界海微塵數佛」而所成；此意謂《華嚴經》中，毘盧遮那佛雖呈現佛的境地，威光照耀，但其是一全體的總代表，故就佛境而言，其所呈現則是「一一皆自在，各各無雜亂」的景況，此即是華藏莊嚴世界海的特色。

佛所證悟的境界，當有「可道」與「不可道」兩部分。就佛的內自證而言，當不可道，代表證悟的最高境界，此是圓融自在而不可言說的部分，依此境界而言佛的淨土，是謂國土海（圓融自在，當不可說）；此若就法而言，則所證悟的終究是無有一切法（因一切法皆是為度眾生才產生），故世尊暢言四十九年未曾說一字，此亦代表所證悟的理境，亦在說明：成佛唯待內自證，是自覺如來自悟已存在的法，故實無有一創法者，亦無有何人可教化他人。

唯佛為教化眾生，當觀機逗教，當有言說，故世尊所言的法稱曰三藏，此即代表一切修學者，皆需待師為證悟的肯認，於此境界中佛所居的

淨土,即稱為世界海,蓮華藏莊嚴世界海一皆屬此境地。此蓮華藏世界,是依無數蓮葉片片相重而成一蓮華,其雖是無盡法界的層層相重、相融之狀,然終究是可描述,是以「微塵數之無窮盡的微塵數」而為敘述,故常以不可思議而言其殊妙。蓮華藏世界之成,是隨眾生心行而出生無量剎,此正所謂一花一世界,一心念即一法界,唯眾生的一一心念,入於海印三昧的毘盧遮那法身中,則同為一味、同為一身,故法界雖有無盡,然入於華藏世界海中,則法界等無別矣!實然,看似繁複難以思議的華嚴所呈現的世界海,簡言之,則來自於一切眾生的心念所成,唯華嚴僅呈現圓滿心念所呈現的莊嚴世界,以是而知:唯有一切眾生皆能於心念上用工夫,則美好的現實世間將是可預期而現。

 ## 心別則業別業別則所見亦別

「眾生業力故,國土不思議,譬如眾繢像,畫師之所作。如是一切剎,心畫師所成,眾生身各異,隨心分別起。如是剎種種,莫不皆由業,隨眾生心行,見諸剎亦然。譬如見導師,種種色差別,隨眾生心行,見諸剎亦然。……或有剎土中,險惡不平坦,由眾生煩惱,於彼如是見。」(〈華藏世界品〉)

因於我們所處的現實世間裡,有戰爭、有流浪的難民、有各種新型的病菌、有化學產品或藥劑以污染水、空氣,有黑心食品導致健康亮紅燈等,難以計數的問題,充斥著整個我們所處的地球。再加上環境被嚴重的破壞之後,所導致的氣候異常、穀物難以長成,當人類最基本的生存條件一旦有危機時,其後所引發的一連串問題,亦會一一的呈現出來。正因為人類生活在如是現實惡劣的環境裡,以是,當華嚴所呈現的莊嚴世界海

時，顯然，於一般常人終將視其為一種想像，實然亦可理解其中之由了。

　　唯若能再細觀華嚴所欲呈現的義理，則如經文所云：「眾生業力故，國土不思議」、「如是一切剎，心畫師所成」，又：「眾生身各異，隨心分別起，如是剎種種，莫不皆由業」、「譬如見導師，種種色差別，隨眾生心行，見諸剎亦然。」顯然，華藏世界的莊嚴是來自於佛的業力所成；換言之，因於佛的業力故，以是佛所見、所聞皆將是一切圓滿具足。同理，以現今我們所處的各種環境因緣而論，若能細心觀察亦能明悟得知：凡能與自己相遇的一切人、事、物，實然皆是因於自己的因緣所然。以地球為論，東西方的風土、環境差異甚大，即或在東方的各國，彼此之間的經濟條件、教育素質亦迥然不同。若以一個家庭而論，親如手足關係的兄弟姊妹之間，彼此所遇的因緣、福報等，亦常常有天南地北般的差別。唯因於關係越是親近者，則彼此互為牽連的關係則更為緊密。如：若子女不學好，則父母亦將受累，反之；亦然如是，若子女能認真工作、肯負責任的照顧父母，則父母才能得以寬心與安慰。

　　想來，唯有自己能具足一切最圓滿的德行、智慧、能力、福報等，才能將所處的境遇、環境提昇與改變。也可以如是的說：若能好好的修養品德，雖自己的力量看似薄弱，但亦能有益於一方的土地。如經文中所云：「隨眾生心行，見諸剎亦然。……或有剎土中，險惡不平坦，由眾生煩惱，於彼如是見。」與其當我們在抱怨所處的一切人、事、物時，不如返心而求自己，簡言之，自己才是一切因緣的主宰者。若得遇惡緣時，更應好好檢點自己、改變自己，若真能證悟：眼前所有一切的人事、環境等因緣，就是自己內心的呈現，如此又何來對一切的怨恨呢？此或許就是華嚴所最想揭示的義理吧！

與諸佛菩薩的同智與同行

「爾時，普賢菩薩復告大眾言：諸佛子！乃往古世，過世界微塵數劫，復倍是數，有世界海，名普門淨光明。此世界海有世界名勝音，依摩尼華網海住，須彌山微塵數世界而為眷屬。」（〈毘盧遮那品〉）

有關對於世界海的描述，本〈毘盧遮那品〉亦可為參考之一。本品主要在闡述以往古世，過世界海微塵數劫，且復倍於是數之劫，有無量的世界海，亦皆有佛出興於世。毘盧遮那於《華嚴經》中是代表十身圓滿具足的佛，一切法界的一切諸佛，皆同遍入於毘盧遮那佛法身中，故毘盧遮那佛亦代表成佛果的目標。於本品中，藉由普賢菩薩為大眾開演世界海中有一特有的世界，名「勝音」，此勝音世界有佛出興於世，城中的大王、太子與人民，皆因佛的光明而受法獲益。然佛的住世亦有其期限，終將涅槃，故有第一佛、第二、三佛的承續，唯就成佛的法身而言，當可永存而遍滿法界中，然一切眾生包括成佛者，其色身必承受生、老、病、死的過程，此或可謂是全宇宙的共業，無人可跳脫之。

佛既是由人修成，亦必在此共業之下，唯成佛者的再入世度眾，若於凡夫而言是輪迴生死；於成佛者而言則是乘願再來，雖同在一生一死的流轉中，但用心卻決然不同。成佛的目的是為度眾，此勝音世界中，由大威光太子而大威光童子、大威光菩薩，正展現歷劫修證的不同身分；此中由太子之位（世俗的富貴），而童子（見佛光而讚佛德，至佛所、頂禮佛足，終受轉輪王位），終至菩薩（得證三昧），正說明人人皆有得證成佛的機會。據唐・澄觀大師於《華嚴經疏》所云：「毘盧遮那曠劫修因之所嚴淨，今方顯其事。明廣大為宗，證成前果為趣。」《華嚴經》所顯現的佛陀，是毘盧遮那法身，雖各會各有其不同的中心人物，然其中又以文殊

與普賢菩薩為最具代表性，文殊表大智、普賢表大行，此智與行即代表法身的內容，然一皆是毘盧遮那法身所顯現。由毘盧遮那法身的光明遍照、遍及一切處的特性，可知毘盧遮那法身的智，可代表一切法的最高理境；其行即是遍一切華藏莊嚴世界海。

於常人的處世而言，智慧與慈悲恍如是人的兩足，其中智慧代表的是理智，並非是一時的感動與熱心而已。唯何者才是真實的智慧呢？所謂真實的智慧，就是能對一切存在有確然的觀察與實證，此於佛法而言即名為「空慧」，所謂空並非是否定一切的存在，而是因對一切存在剎那變化能真實觀照而得成的智慧，簡言之，一切存在皆是如幻、如化，又如露、如電，「如」就是「好像」，意謂：並不是沒有，而是好像幻化一場而已（變化快速而無法真實擁有），亦可言就是：似乎有，但又變化、生滅無常的似乎沒有。若能如是的觀照以得成的智慧，且能在生活上確然做到：與一切存在的相處，能不執、亦能不著，於當下能善用，於無常亦能坦然接受與放下，如是的人生就能與一切諸佛菩薩是同智與同行。

 ## 保持當下覺知的心境

「善哉功德智慧海，發心趣向大菩提，汝當得佛不思議，普為眾生作依處。汝已出生大智海，悉能遍了一切法，當以難思妙方便，入佛無盡所行境。已見諸佛功德雲，已入無盡智慧地，諸波羅蜜方便海，大名稱者當滿足。」（〈毘盧遮那品〉）

《華嚴經》所展現的境地，是一種完全融合、圓滿的世界，由一至無量無邊的法界皆然如是；如來以其一念、一音即可遍往無量無盡的世界國土，且一一國土皆依如來境地而呈現莊嚴殊妙，如是的語句佔八十卷本《華嚴經》的絕大多數。正因如此，於常人的世俗生活而言，眼前的現實

是一個充滿各種天災、人禍乃至殺、盜、淫、妄等的混亂世界。生活當中有著太多的不如意與痛苦,生命的由生至死,又是時時刻刻都在上演著,人們總有太多的煩惱,即或是地位高者,亦或是人人稱羨的富豪等,也難抵老、病、死的無可奈何。以是,自古以來常多感嘆人生苦短,此是現實的生命與生活。當現實的生活環境是如是的不美好、不圓滿之下,於是,華嚴所呈現的如來以一念入一切國土皆嚴淨的描繪,於凡夫而言,那種境界僅止是一種空想而已,此為絕大多數人的心態,想來亦可以理解。

唯或許可以再進一步:依於華嚴宗歷代祖師對《華嚴經》的各種注疏,以及對華嚴有更深入闡述的歷代大德們。此中或許可以理解為:華嚴之境是一種立於先天本來之境,簡言之,就是一種本覺(原本覺悟)的境界,亦可言是一種沒有分別對立的境界;且如是的境界並非是空想不切實際,而是可透過修行實證於日常生活之中。唯如是的先天本覺之境,又將如何能落實於生活之中呢?實然,其方法就是保持本覺,亦是指生活在每一個當下,遇到任何的人、事、物境界時,都能不採以分別、對立,而是一種在自己很清楚的覺知當下的一種面對與處理而已。例如:若受到指責,並非當下即刻反駁,如此就是一種對立、二元的作為,而人生的各種苦難亦大多由此產生。觀諸現今的社會案件之中,因感情而產生的殺機甚多,通常一般人採取的方式有:較激烈者或殺他、或自殺;亦有請徵信業社,循法律途徑以期令對方於財物上有重大損失而求自快。但於一個保持覺知者的態度,就是一種當下的面對與處理而已,如此就是一種立於先天之境的生活。亦可言就是一種隨緣度日的態度,此絕非是一種消極的作為;反之,這是一種最清淨、最平等的對應方式,這也可以說是一種最自在心安的生活。華嚴之境就是一種保持覺知的生活,只要有心訓練自己,在每一次的事件、每一個的遇緣當下,皆能保持覺知以應對之,相信時日一久,華嚴的如來正覺之境,自己亦可品嚐其中之味的一二。

貳、

《華嚴經》的一與多

名號將因修行而具有功德力

「諸佛子！如來於此四天下中，或名一切義成，或名圓滿月，或名師子吼，或名釋迦牟尼，或名第七仙，或名毘盧遮那，或名瞿曇氏，或名大沙門，或名最勝，或名導師，如是等其數十千，令諸眾生各別知見。」（〈如來名號品〉）

《華嚴經》的集成是歷經一長時間，其主題意旨究竟為何？顯然，《華嚴經》的最根本核心，在由佛始成正覺時，其光明照耀無量法界諸佛的佛剎為開端。唯《華嚴經》所謂的佛是有其特義，即是毘盧遮那佛，其威光可遍照至每一佛剎的百千萬億國土中，且佛的法身皆可示現於一一國土裡，並可令一一國土的天人悉得見佛，故由《華嚴經》所揭示的即是十方皆可成佛，亦是十方世界皆可成為佛剎，且佛的法身皆可住於各個各法界中，此主旨甚是明朗，故《華嚴經》標名為「大方廣」。

本〈如來名號品〉主要之論是：法界身雲是窮一切時、遍一切處，此是《華嚴經》的展現，是一種大氣度的意旨，時時、處處呈顯成佛的可待性，不限時、空間中，皆有佛剎（淨土）的成就。菩薩能遍一切處而止住並演說法，其終究目的在於證悟成佛，正因法界不可思議，故成佛的淨土亦是不可思議。本品主要在闡述世尊為諸菩薩開示有關佛的種種淨土、莊嚴、威德等，以及佛剎、佛住等不可思議的名號。澄觀大師對於〈如來名號品〉有云：「召體曰名，表德為號。名別號通，一切諸佛，通具十號。隨機就德，以立別名。宗趣有三：一、以修生修顯因果為宗，令諸菩薩修行契入為趣。二、若就總望，信解行德，攝位為宗，通成佛果為趣，信能必到如來地故，近望唯信為宗，成位為趣。三、顯佛名號周徧遍為宗，隨機調化利益為趣。」名號是為表顯佛德，一切諸佛通具十號，故此十號代

表佛的德能各有不同。

　　依眾生知見，如來或名釋迦牟尼、或名毘盧遮那，於不同世界中，展現不同的身分，即有不同的名號，此為眾生的個別知見。依華嚴的法界觀，法界的展現，是全體大現，一一法界同時各有不同的佛住持，故佛的名號各有不同，此乃因於時地方所而應機攝化不同的眾生所致。依於世界無量，故如來名號亦不可稱數、計量與言思，雖言如來名號各有不同，但同為代表如來之德則無有差異。如來所示現的種種佛剎、佛住、佛威德各有不同，此正足以說明佛之所成，其內涵理應有不同，此雖言是眾生的個別知見，但亦是凸顯遍一切處的菩薩眾，於不同方所、不同演說與不同度眾的法門中，一一皆有成佛的可能性，故展現如來的各種名號，正可引菩薩欲往修行契入的方向而行，且在相信必有成佛的可待，必有如來之位的可趣入，如是則成佛並非是奢望，而是十方成佛當無有疑慮。

 ## 圓滿的智慧與慈悲源於修行的不疲厭

　　「諸世界中，如來名號，種種不同，南西北方，四維上下，亦復如是。世尊昔為菩薩時，以種種談論，種種語言，種種音聲，種種業，種種報，種種處，種種方便，種種根，種種信解，種種地位，而得成熟，亦令眾生如是知見，而為說法。」（〈如來名號品〉）

　　佛是人格完美的尊稱，佛的名號雖有多義，然大約有十尊號：如來、世尊、天人師、調御丈夫、無上士、世間解、應供、正遍知、明行足、善逝，此中稱佛為世間上最尊貴者，是為凸顯修證成佛的可貴與難得。凡夫依修證以至成佛的過程，雖曰是：萬人修、萬人成，但由初發心欲行修證之路，至終究成佛，此中由始至終，確能實證完成則絕非易事，故以「世

尊」而讚揚佛的難能殊勝。唯華嚴所欲建構的十方成佛，其目標是在佛的始成正覺之下，以致一切佛皆可終究得成正覺，依此立論之下，成佛雖是難得且尊貴，但又絕非在標榜有一至尊無上者，亦正因十方皆可成佛，故若以成佛而論之，則一切佛亦皆是平等如如。

雖言《華嚴經》的集成，是佛法發展至一成熟期，並依眾生之所企盼而開顯的法門，在十方世界裡，人人皆可修證成佛，一旦十方世界皆是佛時，則斯時斯地的境界，確可謂是正覺世界。所謂正覺即是「明」，凡夫眾生能由無明而轉明，人人皆如是，個個皆是佛，故在正覺世間時，一切思維、心境自是不同凡響，而《華嚴經》所謂的一即一切，一切即一，其之所以能達到如是之境，其重點則在心境。此亦如《六祖壇經》所言：「不識本心，學法無益」，任何的法門只是引導罷了，既是引導則其作用只是一種外在的指向，唯外在的法或相，將隨時、空間的遷流變化而有所不同。以是，於修證之路上，實無法依外相法門而確然轉無明為明，而華嚴所建構十方成佛的境地，此境地是佛以正覺之明，所自然而生的心境與法界如是，佛一旦成正覺，此中所涉及之處是心而非法，是由心而開展法、是由心而呈現一切境界，以是《華嚴經》所呈現如是不可思議之境，即是佛的心境，而非眾生的意識。

唯由凡夫修證至成佛，此中最大的關鍵在不疲厭，佛亦是由凡夫而修證以成，唯在無法計數的無量劫的歷程中，易生懈怠、懶散與疲厭之心，此即是凡夫的習氣，若能在歷劫的遇緣當中，於善緣、順境能不生貪戀，於惡緣、逆境能不生瞋恨，如是，才能在心境上確然向上提昇至清淨、平等，且於利眾度他之中能不生疲厭，乃至在念念、處處之中皆能利益眾生，唯能臻至如是之境地，其因皆然來自於真誠、正覺與平等、慈悲。

圓融善巧方便的應對態度與方法

「爾時文殊師利菩薩摩訶薩，告諸菩薩言：諸佛子！苦聖諦，此娑婆世界中，或名罪、或名逼迫、或名變異、或名攀緣。苦集聖諦，此娑婆世界中，或名繫縛、或名滅壞、或名愛著義、或名妄覺念。苦滅聖諦，此娑婆世界中，或名無諍、或名離塵、或名寂靜、或名無相。苦滅道聖諦，此娑婆世界中，或名一乘、或名趣寂、或名導引、或名究竟無分別。」（〈四聖諦品〉）

依世尊開法的核心而論，四聖諦法——苦、集、滅、道是一修證歷程的展現：人生因有煩惱而產生「苦」，苦果之因則來自於以「集」（煩惱的積聚）為本，正因有苦集故欲思「滅」苦集的方法，以致終有得「道」之果，此四聖諦是原始佛教的根本法義與基本思想。《華嚴經》的氣度是大方廣，故依法界而言是層層無盡，在無盡法界之中有無量的佛數，於窮一切時、遍一切處，十方的佛皆在演說法義。

四聖諦法在《華嚴經》中亦因於不同法界、不同的佛演說之下，而有不同的稱名，然一皆不離苦、集、滅、道。此四聖諦於不同世界之所以有百億萬種名，實皆隨眾生心之所樂而然，此即是異，但欲令能調伏一切眾生則為同；換言之，《華嚴經》開展大方廣的無量法界、十方成佛，故佛的演說法義亦將不定，皆隨眾生心的所樂而有，唯一切不定的稱名，皆是佛法的無量真實義。佛成正覺境界時所展現的佛德威光，正可證明佛為可歸依處，而四聖諦正明示成佛是有法可循，唯依不同的對象則所演說的法義亦各有不同，但一皆同屬於聖諦。有關聖諦之義，據澄觀大師於《華嚴經疏》所云：「聖諦者，聖者正也，無漏正法得在心故。」正因眾生心念無量，故佛的開法稱名亦是無量，但唯有如實審心念的起伏，以四聖諦而

觀苦集為虛、不實，才能真正擁有無漏正法，而四聖諦法義將隨著《華嚴經》大方廣之義，而成為無量的真實義。

因於不同時、空間背景所使用的方法與名稱，其不同則源於各種時、地、人、事、物等的因緣變化所致。顯然，在與他人相處之中，若有欲成全對方，則善巧方便甚是重要。即或在大原則的引導之下，面對不同的人亦要有能力分判所應使用的方法，若能有最恰當的應對，往往則能化險為夷，得到一個好的結果。反之，若處置不當，則其後所延伸出來的問題，亦將是當初所預料不到的。在觀諸各種新聞事件中，有因一時一小小的紛爭，其最後竟然釀出人命來，想來，這是多麼令人搖頭嘆息啊！以是而知：如何成為一位有智慧、有善巧、能觀照、能圓融的人，是修學的重要課題，後代學人在佛聖菩薩的教誨與行為典範的借鑑之下，理應更精進的學習與修證，以達能真實的利益眾生。

 ## 共為相同的生存空間努力

「諸佛子！如娑婆世界有如上所說十方世界，彼一切世界，亦各有如是十方世界。一一世界中，說苦聖諦，以百億萬種名。說集聖諦、滅聖諦、道聖諦，亦各有百億萬種名，皆隨眾生心之所樂，令其調伏。」（〈四聖諦品〉）

華嚴所涵蓋的範圍，或謂華嚴所觀照的世界，是無所邊際、是無所不遍。以是而知：因於不同的世界，自有其不同的言說名稱，此即是本品特以四聖諦法為例，一一列舉出即或是世尊所論的苦、集、滅、道四聖諦，依於不同的世界亦有其不同的名稱。亦可言：名的不同是因於不同的時、空間而形成之，唯於苦、集、滅、道的真理體證，實然各世界皆然如是。

華嚴是以立於事事無礙以觀照一切法界，事與事之所以可以無礙，是須先立於同體為一的背景之下；換言之，因於佛境的融合為一，並以此為立基點以待一切世界，則事與事的無礙是相應於以大而包容一切之小。思維至此，則華嚴的佛果境界，實然就絕非只是一種立於先天不可思議之境而已，它是要在現實的世間裡去體證完成之。

人世間的苦惱，多來自於比較、相爭，乃至於對立、仇恨而來。如是的是非恩怨實然皆是立於相比不同所致，於是，當科技越文明，學術知識越發達時，人與人、事與事之間，則更充斥著互為排擠與一爭高下之態，此正是造成人類痛苦指數上升的緣故。想來：若要進入華嚴的世界裡，首先必須要學習培養包容多元的心態，能在各種的差異之中，以觀照其共為相同之所在。依華嚴之意，就是要先立於佛果之境，若學人一時難以理解與契入何謂立於華嚴佛果之境，則可以先學習以相同之點來看待一切的存在。且可由身邊的人先開始做起，例如：兄弟在相爭時，若有一方能看在同為一父母所生，對方即是我，我即是對方，則兄弟的相爭自能放下，那人間也將減少甚多的憾事。又如：夫妻的關係，彼此若能將對方視為與己同為一體，相信許多因變心猜忌而造成家庭的破碎亦將消失。凡此種種的一切，終將會發現，唯能對華嚴法界同為一體有甚為深入的觀照，才能體證領悟其中的要義，並能努力學習落實於日常生活中。

在本品中，列舉同為四聖諦義，但不同世界有不同名稱，即或有不同名稱，但其理是為相同，此即是華嚴一再地陳述的重點。尤其在現今的世界裡，因於網路資訊的發達，人與人、國與國可謂已經沒有距離，彼此訊息的互通更是無遠弗屆，在如是的現實世間裡，人們理應更要謹守華嚴的法界一體觀：同在一地球上、同在一陽光下、同享空氣、同享水源等，唯當有同為一體的觀念越強，才能將不同的國土、種族、文化等結合在一起，共為相同的生存空間而努力，此即是華嚴生活的體證。

人人本具足無量的光明

「爾時，世尊從兩輪足下，放百億光明。照此三千大千世界，百億閻浮提，百億大海，百億輪圍山，百億菩薩受生，百億菩薩出家，百億如來成正覺，百億如來轉法輪，百億如來入涅槃，百億須彌山王……百億色究竟天。其中所有，悉皆明現。如此處見佛世尊，坐蓮華藏師子之座。十佛剎微塵數菩薩，所共圍繞。」（〈光明覺品〉）

〈光明覺品〉主要在闡述以世尊的智慧，由其兩足輪下大放光明且遍照無量無邊的世界亦皆如是。華藏莊嚴世界海是大方廣，是一大小無礙法界皆可全然涵蓋的境界，此然因於佛的光明無量遍照，可使百億如來成正覺、轉法輪與入涅槃；換言之，是佛的光明可使無量眾生皆成正覺，此為《華嚴經》的主旨立論。在華嚴世界裡，由一而一切，故佛的光明可遍至無量佛剎一皆光明照耀，佛光遍照是佛的威德所致。據澄觀大師《華嚴經疏》對「遍」的解釋有云：「顯實遍故，但所說有二：一佛、二法。佛有二：一身、二名。法亦有二：一權、二實。此品顯即權之實遍故。……今光示遍相故。顯總遍故，今此一會即遍法界，一一皆悉同時、同處、同說、同遍故。顯圓遍故，今顯無差別，一切即圓融遍一切故。」觀《華嚴經》〈世主妙嚴品〉佛始成正覺境界之述是：「如來自在神通之利，所有境界，皆從中出。一切眾生居處屋宅，皆於此中現其影像，又以諸佛神力所加，一念之間，悉包法界。」佛的名號雖是無盡，各依不同世界而有不同的名號，此為眾生的個別知見，亦可謂是差別之見，故名號的遍是「別遍」，在不同知見的不同名號下，此尚未能將毘盧遮那佛之義彰顯，因如是尚有前後的順序，並非是由「一切」而得以「遍一切」。唯待毘盧遮那

佛光明遍照，因毘盧遮那佛本具足一切佛身，故由其身所發出的光明、才能是一一法界皆同時遍照，如是始可謂是一切即圓融遍一切，此即無有順序差別，是全體當下圓遍，是所有境界皆從中出，是同時、圓融、一體的。為展現《華嚴經》的大方廣義，唯在佛的光明無量遍照之下，才能真正造就十方成佛的境地。

依科學的分析，所有的物質皆由小光子所組成，此光本與佛光相融合，亦可言：人人皆可如佛菩薩般擁有無限、無量、無盡的光明遍照。唯佛與凡夫的差異是：凡夫但為自利，而佛是純然的利他。顯然，人之所以活得有價值，實然是因於利眾的多寡而決定之，也就是，能真實無私的利益他人，則其自身的光明將與他人之光相融合而成為一體，如是則造就其光明的廣遍如佛菩薩般。反之，若自私自利，則自己終將只能擁有那甚為微弱的小光。華嚴一再呈現光明遍照的境地，實然是要學人能確然行證，將自身之光布施予眾生，如是自能與眾生之光相融合，讓人人皆生活在充滿正向光明的世界裡。

 ## 每一個生命就是一個世界

「爾時，一切處文殊師利菩薩，各於佛所，同時發聲，說此頌言：一念普觀無量劫，無去無來亦無住，如是了知三世事，超諸方便成十力。十方無比善名稱，永離諸難常歡喜，普詣一切國土中，廣為宣揚如是法。為利眾生供養佛，如其意獲相似果，於一切法悉順知，遍十方中現神力。從初供佛意柔忍，入深禪定觀法性，普勸眾生發道心，以此速成無上果。十方求法情無異，為修功德令滿足，有無二相悉滅除，此人於佛為真見。」（〈光明覺品〉）

　　在大自然中，實然所呈現的就是萬物萬類共生並存的現象，其中品類的繁複絕無法以計數，僅只能以無量無邊、無盡無數為論之，且隨著時、空間的變化密移，其中的生生滅滅更是無法思議。以是而知：依整體大自然而言，無邊品類實然就是互為依存的關係，若能互相協助則可以相生相成，反之；若一旦有一方以強者自居，而興殺戮異類之舉，以是，表面上看似在護衛己類，實則只是帶來更多的互害與相殘，於是，任何一物種的毀滅，實然就會威脅到己類的生存，故有智慧者，必然會採取安置的態度，尊重一切物類的存在條件與差異性，更有甚者能興保護與繁衍不同的品類。換言之，依於同體而言，則必由一而一切，此並非是華嚴的特有理論，實然就是依於全體為一的事實所必然產生的態度。

　　觀《華嚴經》中，多有由一念而普入過去、現在、未來的無量劫中，亦有更多陳述由一念普入一切的國土世界裡，如是的論述，於《華嚴經》的各品中，是常常為之一再地論陳的。或有認為，華嚴的立場是一種理境，是一種依於理上的論述，此本為確然，然華嚴除對於理上的呈現外，更以事上的證入為本經的結束，此即是善財童子的參訪行程，簡言之，於事上能落實，才是華嚴重要的方向目標。唯於學人而言，如何理解以一念深入無盡的法界，此於現實的世間到底要如何實證呢？實然，首先不要認為華嚴的理境是難以企及而興退轉之意，學人只需先由自身的周遭開始做起，依於自己的因緣條件，由先關心自己的家人開始，由父母而兄弟、親戚、鄰里，乃至對一切環境的維護等，若能如是的觀照，則將發現自己是可以做到的，而我們周遭的一切人亦大多正在實證著。例如：或有人一生以保護動物為一生的職志；或有人力求於老人的照護、嬰幼兒的養育工作；更有人以守護山林而終日奔波忙碌；亦有人義務到處演講，宣傳正向的理念，為心靈提昇的工作而奮鬥著等。凡如是的種種，皆是在力行華嚴的宗旨：由一而一切，一切即一，唯當自己能放下自己的私心，盡心協助

周遭一切的人、事、物，但能確然實證做到如是的境地，則凡所在的任何一物就是一世界（如云：一花一世界），此即可謂深入一切法界。

 ## 心念不同則所感所受皆將不同

「爾時，文殊師利菩薩，問覺首菩薩言：佛子！心性是一。云何見有種種差別？所謂往善趣、惡趣，諸根滿缺，受生同異，端正醜陋，苦樂不同，業不知心，心不知業，受不知報，報不知受，心不知受，受不知心，因不知緣，緣不知因，智不知境，境不知智。」（〈菩薩問明品〉）

《華嚴經》的成佛是全體法界共成之，其理論背景是一即多，當一成佛，在法界圓融無礙網的架構下，則一即是多，此非有層次性，而是當下、即體即現，此乃就成佛而言之，亦可言：此乃就果而論。若依果而視《華嚴經》，則展顯佛的正覺境界，是一圓滿圓融的理域，此一高標實代表《華嚴經》的擎柱，如是的擎柱是令人仰望並興嚮往之，故於學人必將問：如何才能成就並展顯如華嚴般的成佛正覺境地？而如是之問，即是將欲成就佛境之路開出一可循之跡，學人可依之而修證以達佛地。當成佛有一實際可依循之路，則所謂以善財為代表依人證入的實例，於一般學人而言，則顯得甚是親切與受用。今如欲成就佛道，則首先需明確瞭解何謂佛法？唯能於法有明確的解悟，才能有不偏之行，亦可言：正行來自於正心與正念。〈菩薩問明品〉主要是以文殊師利菩薩為代表，向各菩薩提問，且由各菩薩回應問題後，最終則以文殊師利菩薩為暢論佛境界等義。

據澄觀大師《華嚴經疏》對「菩薩問明」之義有云：「菩薩是人，問明是法，遮果表因，故云菩薩。問即是難，明即是答。以十菩薩問出十種法明，故曰問明，雖諸義不同，皆菩薩之問明。」本品以文殊菩薩為代

表問，此問亦代表一般學人於修學佛法過程中，所最易遭遇到的困惑，其間最大的問題即在於一切世間法的差別上。以世俗之眼觀一切有為法，皆有善惡、苦樂等不同，簡言之，一切世間法可謂皆是對待法，有對待即有差別，有差別即無法平等，而世間之苦亦由此而生。文殊菩薩本是智的化身，其所提問的內容，正顯凡夫眾生因意識分別心而產生的種種差別對待法，然菩薩是人，故凡夫一旦能轉意識分別心而為清淨平等心，則將知一切法皆無自性，而所謂世間與出世間的差別，皆只是一種假言說而已，如是的理念，可謂是學佛的基礎，凡夫一旦能具有如是的思維，於法自能達到無礙的地步，如是即可謂凡夫是菩薩。由文殊菩薩與各菩薩間的問明，正為彰顯菩薩的無量說法，實為引導眾生入唯心之理，法的差別起於眾生的不同心念，於菩薩而言，一切皆冤親平等、同體大悲，故本品雖以問明為主，但終以由文殊暢論佛的境界為結，而佛的境界正是於諸境界皆無所分別。學人一旦能在生活上，於一切境遇但保持現量（只是呈現所見所聞而已），若能不再多一層的產生分別，則如是的生活即是佛菩薩的生活。

 ## 體證理境而行於娑婆

「爾時，此娑婆世界中，一切眾生所有法差別、業差別、世間差別、身差別、根差別、受生差別、持戒果差別、犯戒果差別、國土果差別，以佛神力，悉皆明現。如是東方百千億那由他，無數無邊、無邊無等，不可數、不可稱、不可思、不可量、不可說，盡法界、虛空界，一切世界中，所有眾生法差別，乃至國土果差別，悉以佛神力故，分明顯現。南西北方，四維上下，亦復如是。」（〈菩薩問明品〉）

華嚴以佛德果地展開其法義，並以佛的境地以觀一切的萬法，於是所

現皆是佛的境地。於常人而言，或可由觀得未有天地前的境地為入手；換言之，在未有天地前的境地，就是一切萬物萬法的本源，此中純然是一和諧的統一體，確然就是華嚴所謂的「一即一切，一切即一」。然於學人而言，又將如何才能契入華嚴的佛果境地，此中或許可以由先參悟何謂「父母未生前的本來面目」為入手處，也就是說可以先觀照：在尚未有自己的身體之前，自己到底在何處？所謂自己到底又是什麼呢？此即禪宗所謂的本來面目，亦可言，此本來面目，不僅僅是個人的本然，實然就是一切萬物萬法之根。因此，若能悟得此先天理境，或謂為本然、本真、涅槃、真如、常寂光等，名詞即或有不同，但其所指向之境則為一致。以是，對於能體證萬法的本源者，則稱其為佛、覺者，是謂其對宇宙事實真相能有真確的瞭解。顯然，依佛的心境所觀得的境地，即謂之為佛境。而此佛境實然就是一切為人所理應返歸之路，因那是自己的本來面目、原本家鄉。

於華嚴學派中，特論述四無礙法界：事法界、理法界、理事無礙法界、事事無礙法界。此四無礙法界，華嚴的境地是事事無礙法界，唯於現實世間裡，事與事之間，如何才能臻至無礙的境地呢？實然，此乃立於先天理境以觀一切萬法，因於佛是行於世間的明白者、典範者，其心中永存著本然無分無別的理境，以是，即或世間相有千差萬別，但因於佛的心境，故自能觀得事與事無礙；換言之，並非是世間相中沒有好壞分別，實然是佛的心境所致，亦可言，雖有其事，但無其心，故可以事事無礙。以是，如引文所言：「此娑婆世界中，一切眾生所有法差別，業差別、世間差別、身差別、根差別、受生差別、持戒果差別、犯戒果差別、國土果差別，以佛神力，悉皆明現。」顯然，即或世間有如是的千差萬別，但佛境無分別、無好壞的證得仍屬可能，此中重要的關鍵在於心能超越；換言之，如何將心靈的境界往上提昇，超越於萬法之上，也就是不在事上的執著、分別與起心動念，凡能如是確然做到者，自然與佛境同遊與同在。

日常生活即是成佛之道

「爾時，智首菩薩問文殊師利菩薩言：佛子！菩薩云何得無過失身語意業？云何得不害身語意業？云何得生處具足、種族具足？云何得勝慧、第一慧？云何得因力、欲力？云何得蘊善巧、界善巧？云何善修習念覺分、擇法覺分？云何得圓滿檀波羅蜜、尸波羅蜜？及以圓滿慈悲喜捨？云何得處非處智力、過未現在業報智力？云何常得天王、龍王之所守護恭敬供養？云何得與一切眾生為依、為救？」（〈淨行品〉）

〈淨行品〉主要是文殊師利菩薩回答智首菩薩，闡述唯有如何用心才能獲得一切的勝妙功德。本品的主要內容有：一、智首菩薩問文殊師利菩薩：如何才能獲得殊勝的身語意業、具足、慧、力、善巧、覺分、波羅蜜、智力、諸天王守護恭敬供養？又如何得與一切眾生為歸趣、勝導，於眾生中為最勝妙第一？二、文殊師利菩薩告以智首菩薩言：「善用其心，則獲一切勝妙功德。」於後即開演如何於日常生活中的點點滴滴、日日時時、分分秒秒、不分時地皆要善用其心的方法。三、唯能善用其心，則能獲一切勝妙功德，且如是的功德，於一切世間及諸天等，皆不能動之。

本品可謂是將如何成就佛道的內容，以可行、當行、能行的條目一一列舉（共 141 種清淨願行），若能一一實證完成，則成佛必定有餘矣！故本品於坊間中常以單行品而出現，亦足見其受重視的程度。本品主要在「云何用心，能獲一切勝妙功德？」如經文所云：「若諸菩薩，善用其心，則獲一切勝妙功德。於諸佛法，心無所礙，住去來今，諸佛之道，隨眾生住，恆不捨離。如諸法相，悉能通達，斷一切惡，具足眾善。當如普賢，色像第一，一切行願，皆得具足。於一切法，無不自在，而為眾生，第二導師。」本品的用心，其義在「當願眾生」之上，菩薩每思一念，每

行一事，其起心動念皆要往聖地而行，如：「若得五欲，當願眾生，拔除欲箭，究竟安隱。」五欲為凡夫的企盼，但欲成佛者，要能恆轉世俗之欲為成佛之智，即不著於五欲；不但於己如是，於眾生亦要如此，故本品所列舉的每一願行，其中必有「當願眾生」四字，唯能有如是的用心，才是菩薩的用心而不同於凡夫但求自身安樂而已。據澄觀大師《華嚴經疏》所云：「悲智雙運名為所行，行越凡小故稱清淨。以二乘無漏，不能兼利，非真淨故。得斯意者，舉足下足盡文殊心，見聞覺知皆普賢行。文殊心故，心無濁亂，是曰清淨。普賢行故，是佛往修諸佛菩薩同所行也，所行即淨。」成佛重在由解入行，然行重在清淨上，本品由文殊為答，文殊代表智，行必以智為前導，能具般若空智，則一切行願必不執取，於行願能不執，但雖觀空又能不遺事行，如是才能智與行雙運雙遊。本品雖所取譬之事為近於日常生活間，但其旨意則向妙遠的但為成佛之上。

 ## 善用其心於日常生活之中

「佛子！云何用心能獲一切勝妙功德？
菩薩在家，當願眾生，知家性空，免其逼迫。
孝事父母，當願眾生，善事於佛，護養一切。
妻子集會，當願眾生，冤親平等，永離貪著。
若得五欲，當願眾生，拔除欲箭，究竟安隱。
妓樂聚會，當願眾生，以法自娛，了妓非實。
若在宮室，當願眾生，入於聖地，永除穢欲。」（〈淨行品〉）

有云：「諸佛唯論家常」、又謂：「平常心是道」，如是之語即是在說明：所謂成佛、成菩薩，並非是一種難以企及的境地，更不是神秘而

難以理解之事。實然,所謂佛就是明白的人,能對眼前所呈現的一切現象了然於心,於日常生活的待人處世當中,能有智慧的面對、處理並放下。以是,如本品所舉的各種於日常生活中所可能面對的一切場景,皆當以何心態面對與處理呢?如經文所云:「善於用心」,則能獲得「一切勝妙功德」。且先將勝妙功德之心放下,主要在如何善用己心、與善護己心。例如:於處居家的時候,有可能面對愛別離苦,也有可能面對怨憎聚合,不論是所愛或所怨,若能以一切法皆是因緣聚合,終有改變的時日,無有任何一現象,可以永恆不變,以是,若能「知家性空」,則自能免受居家所可能帶來的逼迫。以是而知:所謂淨行,是依於自己的用心而產生,並不是所面對的一切場景都是美好、清淨的;換言之,淨心才能有淨行的出現。

想來,人的一生,不如意之事十之八九,若要一切境界皆能依如自己之意,除非是先能轉變自己的用心,簡言之,心轉則境亦轉,若能深思:此確然如是。對於常人而言,首先要面對的就是自己的家庭,於居家之中,最重要的就是倫理道德,此是為人的根本之道,亦是一切善根的所在。於倫理之中,孝順父母更是根中之根,此不僅是為人的根本,更是欲修學佛道者所必當善盡之行。且觀所有的諸佛菩薩皆是因於孝道而成就之,為盡孝以是而修道,為盡大孝則能廣度一切眾生,實因一切眾生皆是無始劫來互為父母的關係,以是,由孝事父母,則必然再興善事一切諸佛菩薩與眾生,此為修行的必然趣向。

以人生而言,通常可能面對不同的兩種人,例如:報恩人與背恩人,如是的兩種不同的人,於前者當可為自己的榜樣,但於後者,並不是要一味的厭惡與唾棄;因此,所謂的善用於心,是指:於報恩人或背恩人,皆是反思自己能於一切諸佛乃至一切人、事、物皆要有報恩之心,唯能如是,則不論所面對之境是好或壞,於自己之心,皆是有正面提昇的幫助,此即可謂之善護己心。觀一切的境緣,心的所思方向將決定人生是否自在

與安然，唯能如是善用己心於日常中，此即是佛菩薩的生活方式。

信為成就佛聖的根源

「若常信奉於諸佛，則能興集大供養，若能興集大供養，彼人信佛不思議。若常信奉於尊法，則聞佛法無厭足，若聞佛法無厭足，彼人信法不思議。若常信奉清淨僧，則得信心不退轉。若得信心不退轉，彼人信力無能動。」（〈賢首品〉）

〈賢首品〉主要在闡述賢首菩薩演暢能清淨修行所將獲得的殊勝功德。本品的主要內容有：一、前文殊師利菩薩已將因清淨修行所獲得的殊勝功德宣說完畢，又欲「顯示菩提心功德」，即以偈問賢首菩薩：「我今已為諸菩薩，說佛往修清淨行，仁亦當於此會中，演暢修行勝功德」。二、賢首菩薩即以長偈回答「修行勝功德」的種種殊妙處。三、當賢首菩薩演說「修行勝功德」的長偈已，即感得：「十方世界，六返震動，魔宮隱蔽，惡道休息。」並獲得十方諸佛同聲讚言與隨喜。

本品最重要處在論淨心的功德，一切日常的行、住、坐、臥皆能為清淨梵行時，則此因清淨修行而所獲得的功德，雖殊勝如本品內容之所述，但一切之行皆不離開「心」，故由清淨修行所獲的最大功德即是淨心。據澄觀大師《華嚴經疏》所云：「謂體性至順調善曰賢，吉祥勝德超絕名首，即以此名菩薩演說此法，賢即是首。賢首之品，以當賢位之初攝諸德，故偏舉賢名。宗趣者，於信門中成普賢行德，而自在莊嚴，無方大用建立眾生，通貫始終該攝諸位，以為其宗。令起圓融信行，成位德用，而為意趣。」本品雖是以菩薩之名「賢首」為之命名，但如澄觀大師的闡述：「賢即是首」，一切的修證當以成就賢位為初步，故以賢首為品名，

但賢首又絕非單指某一菩薩而已，凡一切能證入賢位者，凡能成就普賢行德者皆可名之，以是而知，普賢亦非僅止於特稱某一菩薩耳！

　　凡能普救一切眾生皆入賢位者，皆是普賢，故不論是名賢首或普賢皆是代表修證的行德。本品由賢首菩薩暢論因淨心修行所能獲得的功德，其間雖有分列的德目，在清淨心的映現之下，其將所獲得的修行功德必是無量無盡的，足見淨心於修行中所具有的地位，此正與華嚴以「一切唯心造」之旨可謂是最契合。重視心，更強調淨心，故與之相對者即是心外的一切法，即世俗所謂的酒、色、財、氣等，皆將是如夢、如幻、如浮雲般的虛妄不實。本品暢論修行的殊勝功德，實為推助修學者的意志，於向成佛的歷程而行時，於一切修行法，皆要能平等精進而行持，直至達成佛之境為止耳！依以上所論，「信」是入佛法的鑰匙，故有謂：「信為道源功德母，長養一切諸善根」。唯所謂信，一當先信自，相信自己本是具足一切的德行、智慧、慈悲等。二是信他，深信諸佛菩薩的教誨是依其性德的流露，依其所引導，終將能去捨執著妄想而呈顯最圓滿的先天本來面目。

 ## 依定力深則往來一切無礙

　　「而於東方諸世界，一切諸佛如來所，皆現從於三昧起，廣修無量諸供養。如是十方諸世界，菩薩悉入無有餘，或現三昧寂不動，或現恭敬供養佛。於眼根中入正定，於色塵中從定出，示現色性不思議，一切天人莫能知。於色塵中入正定，於眼起定心不亂，說眼無生無有起，性空寂滅無所作。於耳根中入正定，於聲塵中從定出，分別一切語言音，諸天世人莫能知。」（〈賢首品〉）

　　佛法有四弘誓願，其中有：「法門無量誓願學」，於一般學人而言，

對於任何一法門是否能契入，皆將因於個人的習氣而有所不同。顯然，法門即或有無量無數，然只能先揀擇與自己相應的法門而學習，簡言之，唯能一門深入與長時薰修，於修學上是甚為重要的。反之，若所學習的法門與自己的心性差異太遠，不但學習起來不易成就，無法於修學的過程中帶來歡喜心，有時反而會因學習遇到阻礙以致退轉道心，將好不容易生起的信心擊倒，甚至將原具有的一點善根消磨殆盡，至此，則誠謂之可惜啊！

　　唯學人當要如何觀照自己所修學的法門是否與己相應，則有一方向是足堪為依憑：即自己的煩惱將隨所修學的時間而逐漸減輕，於另一方面則是智慧的增長；換言之，任何的法門必須能促成自己於心能清淨、能平等，此是對法門揀擇時的關鍵。亦可言：任何的修學法門，皆有其共同的目標，即是能令自己增長智慧、清淨與自在。唯當自己的智慧、定力能達至一定的程度時，則再尋求廣學多聞，如是才能由一而遍一切。此乃因於：唯有於一法門能確然有其定力，才能再於各法門中而貫通一切，故謂「一經通則一切經通、知一即知一切」，能融通無礙於一切法門，其因皆在於定力與智慧使然，否則極容易在廣學多聞中，而興起評比之心，如是則原所學必將偏廢，且於一切法亦無法得以契入。

　　如所引用的經文所云：能於一法有定力，則遍一切法皆然如是，能由此定入，亦必可由彼定中而出，出與入雖各有不同，但因於定力使然，終將能出與入無礙、能一切時無礙、一切處無礙、一切法亦皆然無礙。學人於此的觀照，除是對定中的描述之外，更要能依於華嚴修學的立場以觀之：唯能立足於果德境界，或謂立足於先天，則凡一切法門，皆是應於眾生的時機因緣不同而有，法門只是暫時的因緣呈現，同理，於人間所見的一切現象，亦是暫時的因緣所現。顯然，所謂的借假修真，是凡能於一切境緣之中，此謂之為假；能於境緣之中而不執、能放下、能不起心動念，此即謂之為真。且因於華嚴的果地修學，若能視一切境界，不論善境

或惡境皆是佛的境地，則是華嚴事事無礙的修學確然落實在自己的生活當中。

參、

《華嚴經》修證的歷程

正心念則能往來自在於天上與人間

「爾時如來威神力故，十方一切世界，一一四天下閻浮提中，悉見如來坐於樹下，各有菩薩承佛神力而演說法，靡不自謂恆對於佛。爾時世尊不離一切菩提樹下，而上升須彌，向帝釋殿。時天帝釋，在妙勝殿前遙見佛來，即以神力莊嚴此殿，置普光明藏師子之座，悉以妙寶所成。」（〈升須彌山頂品〉）

〈升須彌山頂品〉主要在敘述帝釋承佛的神力，自憶念於過去佛所之中，所種的諸善根。本品的主要內容有：一、如來以威神力故，令十方一切世界悉見如來坐於菩提樹下，且各有菩薩承佛神力而演說妙法。於此時，世尊不離一切菩提樹下，而上升至須彌山且走向帝釋殿；時天帝釋遙見佛來，即以神力莊嚴此殿，並以妙寶敷置師子之座，曲躬合掌求佛入殿，世尊即受其請而入殿。二、帝釋承佛神力，此時於諸宮殿中，所有樂音自然止息，即自憶念於過去佛所之中，所種的諸善根，並以偈頌而讚十佛：迦葉如來、拘那牟尼佛、迦羅鳩馱佛、毘舍浮佛、尸棄如來、毘婆尸佛、弗沙明達佛、提舍如來、波頭摩佛、然燈如來等的功德。三、另有忉利天王及十方世界的諸釋天王，亦皆如是讚佛功德。爾時，世尊入妙勝殿已，即結跏趺坐，而此殿忽然廣博寬容，如其天眾的諸所住處，且十方世界亦皆如是。

依《華嚴經》的立意，華藏莊嚴世界海是由無量數的法界所構造而成，其中須彌山是代表一中心點，外圍由重重無盡的風輪、水輪與高山、海洋等所共環繞，而須彌山有三十三天宮，是帝釋天所居住之處。佛升須彌山，是不離菩提樹，此是佛的神通力，有關佛的上升天上，究竟是本身或是化身，歷來有不同的解讀，今據澄觀大師《華嚴經疏》所云：「問：

動靜相違，去住懸隔。既云不離，何得言升？故有多釋，一云：本釋迦身，不起道樹，別起應化，以升天上。一云：不起是報，升天是化。一云：不起是法身，升天是化用。並非文意，以此文中具是毘盧遮那十身雲故。」依毘盧遮那法身的十身具足圓滿，佛的法身遍法界一切處，菩提樹與天上，是「一即一切，一切即一」的不可思議，佛既得正等正覺，其智無不周，其體無不在，故在天上或人間，於佛而言，皆是一體的隨應，本是無來無去、無依無住。

《華嚴經》特有佛上升天上的品目，實如澄觀大師所云：「然以自在，即體之應，應隨體遍，緣感前後，有住有升。閻浮有感，見在道樹。天宮有感，見升天上。非移覺樹之佛，而升天宮，故云不離覺樹，而升釋殿。」佛在天上或人間，於佛是一體之用，於天人之間皆是有感而現，所謂有感，即心有起念，當天界心有念，佛必隨感而應現，故天宮有感，則見佛升天上，同之，人界心有念，即是閻浮有感，即見佛坐於道樹下。

 ## 依清淨心則所見亦皆平等

「爾時，佛神力故，十方各有一大菩薩，一一各與佛剎微塵數菩薩俱，從百佛剎微塵數國土外，諸世界中而來集會。所從來土，所謂因陀羅華世界……虛空華世界。各於佛所，淨修梵行。是諸菩薩至佛所已，頂禮佛足，隨所來方，各化作毘盧遮那藏師子之座，於其坐上，結跏趺坐，如此世界中須彌頂上菩薩來集，一切世界悉亦如是。彼諸菩薩所有名字、世界佛號，悉等無別。」（〈須彌頂上偈讚品〉）

〈須彌頂上偈讚品〉主要在闡述佛以神力，令百佛剎微塵數的菩薩，咸來集會。佛的光明普照十方一切世界、須彌頂上與帝釋宮中等，感得諸

菩薩以偈而頌讚。本品的主要內容有：一、以佛神力故，十方各有一大菩薩，一一各與佛剎微塵數菩薩俱，從百佛剎微塵數國土外，諸世界中而來集會。二、是諸菩薩至佛所已，頂禮佛足，且隨所來方，而各化作毘盧遮那藏師子之座，於其座上，結跏趺坐，一切世界亦皆如是。三、爾時，佛從兩足指，放百千億妙色光明，普照十方一切世界、須彌頂上、帝釋宮中、佛及大眾，靡不皆現。四、法慧菩薩承佛威神力，普觀十方而說頌曰：「彼會諸菩薩，皆同我等名，所從諸世界，名字亦如是。」五、一切慧菩薩頌曰：「一切法無生，一切法無滅，若能如是解，諸佛常現前。」六、勝慧菩薩頌曰：「若能除眼翳，捨離於色想，不見於諸法，則得見如來。」七、功德慧菩薩頌曰：「若得見於佛，其心無所取，此人則能見，如佛所知法。」八、精進慧菩薩頌曰：「法性本清淨，如空無有相，一切無能說，智者如是觀。」九、善慧菩薩頌曰：「無見說為見，無生說眾生，若見若眾生，了知無體性。」十、智慧菩薩頌曰：「有諍說生死，無諍即涅槃，生死及涅槃，一俱不可得。」

華嚴展現佛的神力，忽在天上，忽在人間，除為彰顯佛的自在無礙外，亦為言明能見佛於天上說法，是一諸善根的聚集，是過往世於毘盧遮那願海中所種善根的成熟。天界是報業的所感，但非至究竟處，佛不論是升於須彌山、夜摩天或兜率天，於此三處皆有共同之點：一、如來的升天，皆不離閻浮提的菩提樹下，此乃是如來的法身能遍一切處所致。二、各天宮的莊嚴殊妙，皆是各天王於過去佛所種諸善根而得成之，由今以推昔，並寄望未來的成佛可期。三、佛的升天是為令一切眾生、菩薩、天子能發起清淨心而修證成佛，佛的隨應示現必有其用心。四、諸天中的菩薩的偈讚，其內容主要在說明一切法本無生滅，本不可得，唯能不執著，則能常見諸佛現前。佛的法身能普現一切佛，此即因一心而能生種種心，而所見的佛，不能以色相觀之，故曰不可思議，唯見佛當假眾善業而成，是

以三天王皆聚集善根因緣始感佛的升天。

 於正法不退轉初心則可得入聖位

「爾時，法慧菩薩承佛威力，入菩薩無量方便三昧。為增長佛智故，深入法界故，善了眾生界故，所入無礙故，所行無障故，得無等方便故，所入無礙故，所行無障故，得無等方便故，入一切智性故，覺一切法故，知一切根故，能持說一切法故。所謂發起諸菩薩十種住，何者為十？所謂初發心住、治地住、修行住、生貴住、具足方便住、正心住、不退住、童真住、法王子住、灌頂住，是名菩薩十住。」（〈十住品〉）

〈十住品〉主要在闡述菩薩有十種住法，此十住為過去、未來、現在諸佛已說、當說、今說。以下略述十住之義。一、發心住：菩薩見佛世尊形貌端嚴，難可值遇，或聞如來廣大佛法，而發菩提心求一切智。二、治地住：菩薩於諸眾生，發十種心——利益心、大悲心、安樂心、安住心、憐愍心、攝受心、守護心、同己心、師心、導師心。三、修行住：菩薩以十種行觀一切法無常、苦、空、無我、無作、無味、不如名、無處所、離分別、無堅實。四、生貴住：菩薩從聖教中生，成就十法——永不退轉於諸佛所，深生淨信，善觀察法，了知眾生、國土、世界、業行、果報、生死、涅槃。五、具足方便住：菩薩所修善根皆為救護、饒益、安樂、哀愍、度脫一切眾生，令一切眾生離諸災難、出生死苦、發生淨信、悉得調伏、咸證涅槃。六、正心住：菩薩聞十種法，心定不動。聞讚或毀佛、法、菩薩、菩薩所行法，聞說眾生有量無量、有垢無垢、易度難度，聞說法界有量無量、有成有壞、若有若無，於佛法中，心定不動。七、不退

住：菩薩聞十種法，堅固不退。聞有或無佛、法、菩薩、菩薩行、菩薩修行出離或不出離，過去有或無佛，未來有或無佛，現在有或無佛，佛智有或無盡，三世一相非一相，於佛法中，心不退轉。八、童真住：菩薩住十種業——身、語、意行無失，隨意受生，知眾生種種欲、解、界、業，知世界成壞，神足自在所行無礙。九、王子住：菩薩知十種法——善知諸眾生受生、諸煩惱現起、習氣相續、所行方便、無量法，善解諸威儀、善知世界差別、前際後際事、演說世諦、演說第一義諦。十、灌頂住：菩薩得成就十種智——震動、照耀、住持、往詣、嚴淨無數世界，開示、觀察無數眾生，知無數眾生根，令無數眾生趣入、調伏。

《華嚴經》的集成是屬於綜合性的，各經的匯集是漸入式的，雖最後以八十《華嚴經》三十九品為定本，且依「九會七處」的順序而呈現，此看似甚有條理的編排，實際是後人思想見地所凝聚而成的一種共識。不論是《華嚴經》的四十階位，或後世的五十二階位，主要皆在論證佛是由人所證入，且需歷經層層的修證才能登入佛境。今據澄觀大師《華嚴經疏》對「十住」之釋有云：「慧住於理，得位不退，故名為住。始入空界，住空性故名為住。宗趣者，以十住行法為宗，攝位得果為趣。」華嚴以十為圓，十住實亦代表一圓滿之行，依澄觀之義，住的最要處在「不退」上，此十住由初發心住至灌頂住，各有其涵攝的善巧，然前後的住法，並未有一聯繫的關係，唯十住法重在「入已未起故名為住」，顯然「住」亦有「不起」之義，當於佛法（十住）中能安住不動，以是而言：十住是個別的階位說，確亦不為過。

 ## 住就是精進不已歷劫不退轉的修行

「爾時，法慧菩薩承佛威力，觀察十方，暨於法界，而說頌曰：見

最勝智微妙身,相好端嚴皆具足,如是尊重甚難遇,菩薩勇猛初發心。見無等比大神通,聞說記心及教誡,諸趣眾生無量苦,菩薩以此初發心。聞諸如來普勝尊,一切功德皆成就,譬如虛空不分別,菩薩以此初發心。三世因果名為處,我等自性為非處,欲悉了知真實義,菩薩以此初發心。過去未來現在世,所有一切善惡業,欲悉了知無不盡,菩薩以此初發心。」(〈十住品〉)

　　佛法以能證悟無我、空為得聖果之義,依於無我、空的證得,則對一切人、法皆能不執不著,至此,才能真實力行你我同為一體,乃至觀照宇宙虛空、一花一草、一沙一石皆與我互為依存的關係。然於證悟無我、空之前,則對於法義當要能深入瞭解並確然修持。亦可言:修學佛法並非是要放棄一切,而所謂看得破,是指對現象世界的一切存在,能觀照得無有其永恆性,凡一切存在皆是剎那生滅,此正如《楞嚴經》所言:「當處出生,隨處滅盡」,因此,能看得破就是一種智慧的表現,如是的智慧即可謂之為空慧。學人依此空慧的修持,則自然能做到放得下。簡言之,看得破是智慧,放得下是力行。正因於空慧的力行,則能對宇宙緣起的事實真相有真確的觀照,於是,將此證悟的真相告知眾生,並引領眾生了脫煩惱痛苦,以證悟寂靜涅槃、清淨自在。以是,佛果所呈現的就是在證悟後,將最莊嚴殊勝的面向完成示現出來,以是,學人將在各種果德的呈現上,興起欲依之修持的信心,此即是所謂的初發心。不論是觀得佛身的相好莊嚴,亦或是觀眾生在無量苦海裡而欲救拔之,乃至因於欲了知無量世的因緣果報等,如是,都將促使學人興起初發心,而如是的初發心,實是一切修證的源頭根本。

　　顯然,於修學過程中,最困難的地方,就是對於法的住持,以是,所謂住,就是對信、解、行、證的持續與不退轉。亦可言:如何保持住初發

心，是修學歷程決定果德的關鍵。於常人而言，要發心較容易，或因於一個事件，或因於一場演講等，皆有可能促成對修學佛法的啟蒙，但難就難在又當如何維持如是的初發心呢？實然對於一般人而言，一時的初發心皆是沒有保證的，又往往容易因一甚為微小的狀況以致退轉，故世俗有言：「修道如牛毛，成道如牛角」，此正說明，若僅是一時的發心，皆是不可靠，亦不可謂之為住於法上。為能保持住初發心，唯一的根本之道，就是要時時、處處皆有法義的薰習才或有可能保得住；換言之，實然無有一時的僥倖而得以成就，且觀歷來的各宗的祖師大德們，無一不是精進修持以成之，故所謂住，就是精進不已之義，就是歷劫不退轉的修行。

 ## 真正的梵行在於一切法無執無著

「爾時，正念天子白法慧菩薩言：佛子！一切世界諸菩薩眾依如來教，染衣出家。云何而得梵行清淨，從菩薩位逮於無上菩提之道？法慧菩薩言：佛子！菩薩摩訶薩修梵行時，應以十法而為所緣，作意觀察。所謂身、身業、語、語業、意、意業、佛、法、僧、戒，應如是觀。為身是梵行耶！乃至戒是梵行耶！」（〈梵行品〉）

〈梵行品〉主要在闡述於修十法梵行時，當如何觀察才可謂曰：梵行。本品的主要內容有：一、法慧菩薩回答正念天子的提問，如何才能得梵行清淨，總提梵行有十法。二、梵行法不可得故之因：若思維「梵行從何處來？誰之所有？體為是誰？由誰而受？為是有？為是無？為是色？為非色？為是受？為非受？為是想？為非想？為是行？為非行？為是識？為非識？如是觀察，梵行不可得故。」三、如何才可謂清淨梵行：若能觀察「三世法皆空寂故，意無取著故，心無障礙故，所行無二故，方便自在

故，受無相法故，觀無相法故，知佛法平等故，具一切佛法故，如是名為清淨梵行。」四、於十法梵行修習已，復應再修習十種法：處非處智、過現未來業報智、諸禪解脫三昧智、諸根勝劣智、種種解智、種種界智、一切至處道智、天眼無礙智、宿命無礙智、永斷習氣智。此十種法的修習，當如是而思維：「觀察眾生而不捨離，思維諸法無有休息，行無上業不求果報，了知境界如幻如夢、如影如響，亦如變化。於諸法中，不生二解，一切佛法，疾得現前。知一切法，即心自性，成就慧身，不由他悟。」

　　梵行即清淨行，而「梵」特顯為出家的所行。此品的宗趣，據澄觀大師《華嚴經疏》所云：「即以悲智無二，事理雙修，觀行為宗，疾滿一切佛法為趣。」「梵」於印度波羅門教的思想中，為萬有的根本原理，且將「梵」神格化，並確立「梵我一如」說。然不論梵於印度思想中所具有的諸多涵意，但沙門之行即為梵行是被公認的。華嚴以一行即一切行，心淨則一切淨，故一切梵行，雖總提梵行有十法，此乃分別推徵；若能知一切法，即心自性，即為無分別，此為觀無相法故，知佛法平等故，三世諸法其性皆本空寂，本就無可取、無所得。《華嚴經》以十方成佛為宗趣，依梵行而言，心淨則一切功德淨，故成佛終功歸心淨，心淨即梵行。

　　觀歷代諸佛菩薩所開演的法義，大約可分為兩大部分：一為世法，即強調要積極的積功累德，一切德行皆要力求圓滿臻至，故以最基礎的六度——布施、持戒、忍辱、精進、禪定、智慧，依此步上修行之階；於華嚴尚有十住、十行、十迴向、十地等的歷階修行，如是即代表：破一分無明、證一分法身。除此，另一部分則為出世法，即依之前的一切修行，但一一皆要入於不執、不著，至此才能將一切的無明煩惱蕩盡，是謂究竟圓滿。

修行的要旨在有其事而無其心

「法慧菩薩言：佛子！菩薩摩訶薩修梵行時，應以十法而為所緣，作意觀察。所謂身、身業、語、語業、意、意業、佛、法、僧、戒，應如是觀。為身是梵行耶！乃至戒是梵行耶！若身是梵行者，當知梵行，則為非善，則為非法，則為渾濁，則為臭惡，則為不淨，則為可厭，則為違逆，則為雜染，則為死屍，則為蟲聚。」（〈梵行品〉）

華嚴的立場是佛果境界，換言之，《華嚴經》是先藉由展現佛正覺的境界殊妙無比，來吸引眾生同往佛果的目標而修證，正因佛果境界的不可思議，故《華嚴經》所欲建構的華藏莊嚴世界海，除營造重重相融無礙的法界之外，更以入法界即入眾生界為修證的工夫，故有善財童子五十三參以為眾生界的代表。所謂華嚴以果地為經義的開展，實為說明：一切眾生本來是佛，此是立於果地的本具為論，亦可言：一切眾生本具、本所有成佛的可能性，既是本具、本所有的佛性，故終將不會消失、亦終將是可以恢復的，以是而知：眼前一切不善之業皆是可以去除之。

華嚴是以立於果地以觀一切的存在，既立於果地，則一切所現都是佛境，如是的義理、如是的觀照，於常人實甚難契入，簡言之，凡立於果地的生活，則一切都將是圓融無礙的，例如：即或眼前所現的一切事件，是不美滿的、是不善的，然於果地而言，一一皆是佛境。如是的修行，於常人可謂實難以做到，亦可言，若非於華嚴義理有甚為深入的體證者，絕然無法證悟如是的境地。

或許可以另一角度為之說明：於一般而言，皆是由因而果，依前因以推後果，如是則必有其歷程與階段。例如：栽種一棵果樹，由播種、萌芽、散枝、發葉、結果，如是一日日的成長，其中間所歷經的各種因緣條

件，終將決定其最後結果的不同，而栽種者亦將如是觀得一切的過程與結果。然若以成果為論，則所見就是其最美好的呈現。華嚴即是以佛境地為其法義的核心，佛是已證悟者，若依其證悟所見的境地為觀照，則一切必然皆是佛境地。換言之，若能依於佛境地以對待所處的一切人、事、物，就是華嚴所欲引導學人的修行方式。

依於常人而言，世間是如此的不美好，正因感到人世的不美滿，以是，生活中永遠充滿著苦惱與怨恨，且在冤冤相報之下，彼此只會越來越痛苦，於是，正如世俗所言紅塵就是苦海，人既處於苦海之中，又如何能得歡喜自在呢！依於果地裡一切行皆本是梵行，以是，若再起心動念觀照：身、語、意是否有梵行耶？此不但已遠離梵行的本意，亦非華嚴果地的修行。唯如何將華嚴果地的修行落實於生活上呢？或許可以先嘗試：面對不善的人、事、物，先學習不發惡口，不放心上，然後再逐步觀照學習，能如華嚴般視一切境皆是佛境，此並非無有善惡是非，而是雖有其事，然無有其心，如是的修行境地，則紅塵就是佛國淨土。

 ## 精進之道在於永持初發心

「爾時，天帝釋白法慧菩薩言：菩薩初發菩提之心，所得功德，其量幾何？法慧菩薩言：佛子！假使有人以一切樂具，供養東方阿僧祇世界，所有眾生，經於一劫，然後教令淨持五戒，南西北方，四維上下，亦復如是。佛子！此人功德比菩薩初發心功德，百分不及一……百千億分……亦不及一。」（〈初發心功德品〉）

對於菩薩的發心，尤以初發心的功德最為殊妙。本品主要在闡述菩薩初發菩提之心，其所得的功德是無法計量的。本品主要內容有：一、對於

菩薩初發菩提心所得功德，其量幾何？法慧菩薩以「難思維、難度量、難趣入」答之，但亦當承佛威神之力而廣為喻說。二、「發心」義：「菩薩為不斷度脫一切如來種性故，發心，為充遍一切世界故。發心為度脫一切世界眾生故。以發心故，常為三世一切諸佛之所憶念。以是發心，當得佛故。」三、法慧菩薩說法已，感得微塵數世界六種震動，亦感得有萬佛剎微塵數菩薩發菩提心。

　　修證成佛是世尊一生歷程的展現，亦是佛教的最高目標。依據《阿含經》有關成佛道的標目，有「由福成佛道」與「誓願成佛」等。如《增一阿含經》云：「世尊告曰：世間求福之人，無復過我。」此乃是依求福而過渡至成佛道，換言之，於世間法中能勇於求無上正真之道，此是終成佛道的關鍵點，而求福不但不礙成佛道，實亦是助長成佛道之法。此與後來代表禪宗重要思想的宗寶本《六祖壇經》〈疑問品〉中將「求福與功德有別」是明顯的不同，如《壇經》云：「造寺、供僧、布施、設齋，名為求福，不可將福變為功德。功德在法身中，不在修福。師（惠能）又曰：見性是功，平等是德。念念無滯，常見本性真實妙用，名為功德。」禪宗以徹悟「父母未生前的本來面目」為學人最終之參，故主張「不思善！不思惡！正與麼時，那箇是上座本來面目」，若有求福之心，即落兩邊，以致達摩言梁武帝實無功德，若以禪宗所要求的「常見本性真實妙用，名為功德」，則功德之境界與證悟無上正真之道所求的理境是應有其一致性，皆是最高的證悟。唯《壇經》特標明「福德與功德別」，實要學人勿僅止於求福之中為滿足，而忘卻修證成阿耨多羅三藐三菩提之最終追求。而阿含以求福而至求無上正真之道，其間求福之法，為施、戒、忍，此是自化的階段；而法說、義說與將護眾生，即是化他的歷程，亦足見世尊於未成佛道前，是一努力行持自化化他的菩薩行者。菩薩是一大心量者，依其心量廣大、行願廣大，而所利眾生亦廣大，以致終求得無上正真之道。此品雖

言是菩薩的初發心功德，但此發心是為充遍一切法界，為度脫一切眾生，而如是發心的心量，已等同佛的心量，故常為諸佛所憶念，則終究成佛必無疑，此為《華嚴經》的確然肯定。

一切所成皆源於發利眾之心

「發心能離業煩惱，供養一切諸如來，業惑既離相續斷，普於三世得解脫。發心無礙無齊限，欲求其量不可得，一切智智誓必成，所有眾生皆永度。發心廣大等虛空，生諸功德同法界，所行普遍如無異，永離眾著佛平等。菩提心是十力本，亦為四辯無畏本，十八不共亦復然，莫不皆從發心得。諸佛色相莊嚴身，及以平等妙法身，智慧無著所應供，悉以發心而得有。普發無邊功德願，悉與一切眾生樂，盡未來際依願行，常勤修習度眾生。」（〈初發心功德品〉）

佛法強調信、願、行、證，而願是行之源，菩薩道首重發心（願），其後即依願而行、依行得證。於佛典中有關立大誓願最著名者有：阿彌陀佛的四十八願、藥師琉璃光佛的十二大願，乃至地藏菩薩的「地獄不空，誓不成佛」等如是耳熟能詳的佛菩薩大願，皆在說明發誓願與成佛道的關聯性。

觀華嚴思想的全體架構，是以營建重重無盡且相融無礙的法界為重點，若以華嚴即代表法界實亦不為過。然對於一位欲修證成佛的菩薩道行者而言，入法界實際即是入世間，而欲在現實世間修證成佛道，其首要的條件即是發願心。在《華嚴經》中，有關願心之發，最具代表性即是普賢之行，正因有普賢的願行，將使華嚴法界觀的殊勝不可思議的部分，因之得以透顯出其真實活潑的修行力。

於《華嚴經》中，善用「十」數為一結構圓滿的說明，故有十住、十行、十無盡藏、十迴向、十地、十定、十通、十忍以至十身等各種品目，此中除「十身」為形容如來之身相圓滿外，其餘有關「十」的品目，大抵皆與修行的層次有關：其每一個進程皆是依其發心的廣大而轉為更加增勝，亦可言，如是的發心就是菩薩的願行。菩薩的總名為「菩薩摩訶薩」，摩訶本有廣大之義，而以「菩提薩埵」為自覺覺他，故菩薩是一大心量者，依其心量廣大、行願廣大，以至所利眾生亦廣大，而其終究的成就亦廣大。顯然，不論是十行、十住等的成就，一皆憑藉發心而逐次完成，足見菩薩的初發心是一切願行的開始。

《華嚴經》的境界是佛的境界，但佛的前身是菩薩，此品雖言是菩薩的初發心功德，但此發心是為充遍一切世界，是為度一切眾生，而如是發心的心量，已等同佛的心量，故常為諸佛所憶念，則終究成佛必無疑，此為《華嚴經》的確然肯定。以是而知：一旦能發度眾生之心，則將因於如是的發心，促使學人能精進聞法、思維、斷惑、厭惡毀犯，以是能離苦得解脫，並將所證悟之法教化有緣眾生，皆能同證解脫，顯然，一切的成就皆因於有一利眾之心而然，故謂初發菩提心的功德不可思議。

 ## 明法得以入心則必能確實行持於生活上

「爾時，精進慧菩薩白法慧菩薩言：佛子！菩薩摩訶薩初發求一切智心，成就如是無量功德，具大莊嚴。升一切智乘，入菩薩正位。捨諸世間法，得佛出世法。去來現在諸佛攝受，決定至於無上菩提究竟之處。彼諸菩薩於佛教中，云何修習令諸如來皆生歡喜？入諸菩薩所住之處。一切大行皆得清淨。所有大願悉使滿足。獲諸菩薩廣大之藏。隨所應化常為說法，而恆不捨波羅蜜行。所念眾生咸令得度。紹三寶種，使

不斷絕。善根方便，皆悉不虛。」（〈明法品〉）

　　〈明法品〉的主要內容有：一、闡述菩薩當如何於佛教中修習，才能令諸如來皆生歡喜。二、法慧菩薩提出「住十種法，名不放逸。」能住不放逸即能得十種清淨。三、菩薩能得十種無盡藏已，則福德具足，智慧清淨，於諸眾生，即能隨其所應，而為說法，如：「貪欲多者，為說不淨。瞋恚多者，為說大慈。愚癡多者，教勤觀察。」有關「明法」之義，據澄觀大師《華嚴經疏》云：「明法不同略有四種，謂教理行果、尋教悟理、觀理起行、行成得果，皆初宗後趣，又此四皆宗，為成後位及成勝德為趣。」「明法」顧名思義即「明解佛法」，世尊因不同眾生之機而有不同的演法，但一切法皆指向成佛為目標則無有異。唯明法所為何事？實為能依法而行，依行而證果，此為明法的目的，故菩薩於修證過程中，當修習再修習，以追求一切大行皆清淨、所有大願皆滿足為宗旨。然因眾生無盡，故法門亦將無盡，而菩薩為度眾生亦將修習無量的法門，而無量法門即總稱「無盡藏」。

　　菩薩明解佛法、修習佛法，其最終目的是為令諸如來皆生歡喜；換言之，如何臻至歡喜之境，是明法所為之事。依華嚴法界觀而論，法界層層無盡皆可圓融無礙，此是在毘盧遮那佛的大願之下而然。依華嚴佛始成正覺之境而言，一切法門本清淨、一切大願皆本圓滿，此是依佛的本自性而觀一切法門、一切大願，故所謂明法是為令諸如來皆生歡喜。若依佛性本圓滿具足一切法而言，則所謂歡喜實非一般世俗的歡喜與憂愁的相對待；此令諸如來皆生歡喜之境，實是當一切修證至圓滿佛境時，一切皆現現成成、自自然然，心境已無憂喜，而是一片平和光明。故明法雖是為「成勝德為趣」，但明法實為使一切行皆能清淨，由清淨以至圓滿，終達華藏莊嚴世界海的相融為一，此是依理而言；唯修證成佛的歷程，如何之行是為

清淨梵行，則是攸關「行」之事。

所謂佛學與學佛的不同，則在於：前者可以將佛的教理當成是一種學說探究，此是重於學術研究與義理論辨；然後者，則是將佛的教理落實於具體的生活上。觀世尊一生的行誼可以得知：其演說法義的主要目的是在生活的實踐上，以是，對於法的體證，明解佛法當是第一步，明法若能入心則自然能表現於具體的生活上，同理，若能確實行持一分，亦必能再增助對法的明解上，故明法與行持是一非二。

 ## 於所修學皆迴向一切眾生

「法慧菩薩承佛神力，而說頌言：心住菩提集眾福，常不放逸植堅慧，正念其意恆不忘，十方諸佛皆歡喜。念欲堅固自勤勵，於世無依無退怯，以無諍行入深法，十方諸佛皆歡喜。佛歡喜已堅精進，修行福智助道法，入於諸地淨眾行，滿足如來所說願。如是而修獲妙法，既得法已施群生，隨其心樂及根性，悉順其宜為開演。菩薩為他演說法，不捨自己諸度行，波羅蜜道既已成，常於有海濟群生。晝夜勤修無懈倦，令三寶種不斷絕，所行一切白淨法，悉以迴向如來地。」（〈明法品〉）

《華嚴經》所論的成佛，是全體法界共成之，其理論背景是「一即多」，當一成佛，在法界圓融無礙網的架構下，則一即是多，此非有層次性，而是當下即體即現，此乃就成佛而言之；換言之，此乃就果而論。若依果而視《華嚴經》，則展顯佛的正覺境界，已然能完全呈現華嚴意旨；然全體法界當下即現佛的正覺境界，是一圓滿圓融的理域，唯如是之境除令人仰望興歎外，於學人則必將問：如何才能成就並展顯如華嚴般的成佛正覺境地呢？而如是之問，即是將欲成就佛境開出一可循之路，學人可依

之修證以達佛地。當成佛有一實際可依循之法，則所謂以善財為代表依人證入的實例，於一般學人而言，則較顯得親切與受用。今如欲成就佛道，則首先需明確瞭解何謂佛法？唯能於法有明確的解悟，才能有不偏之行。

　　修學證悟成佛，其與一般的世俗學科不同，對於世法而言，則將隨所學而日益增多，且為廣結善緣，於世法是需多面的學習，此於深入眾生界中是有其助益的。然於修學佛法上，除於世法的學習之外，其所重視的首先在於發心，能發利益眾生之心；換言之，對於一切的修學成就，皆不是為自己而是為利益一切眾生，此即是所謂的發菩提心，菩提心亦可謂是：精進心、清淨心、平等心與慈悲心等。簡言之，對於任何法的修學上，能精勤不放逸，於中成就堅固心志，且以深心入眾生界，並隨緣演說並度化之，唯不論所行的布施、持戒、忍辱、精進、禪定、智慧等，一切修學所成就的，則如經文所云：「所行一切白淨法，悉以迴向如來地」。

　　對於修學所成皆是為迴向之理，學人可如是試思：迴向之所以可能的理由何在？迴向的意義又為何？依華嚴所論：全體法界總體合為一，也就是「一即多、多即一」，亦可言：唯能迴向才能更廣大無邊，於修證上即可證悟空性，所謂空，並不是空無所有一切，空就是你即是我、我即是你，空就是一切存在皆是互為依存的，空就是無我的證得。以是而知：凡能證悟無我與空性者，則必能與宇宙相融為一體，此即是如來境地，此即是父母未生之前的我本來面目。

心靈境界的提昇在於對法義精進不捨

　　「爾時，世尊不離一切菩提樹下，及須彌山頂，而向彼夜摩天宮寶莊嚴殿。時夜摩天王遙見佛來，即以神力於其殿內，化作寶蓮華藏師子之座。百萬層級以為莊嚴，百萬金網以為交絡……。時彼天王敷置座

已,向佛世尊曲躬合掌,恭敬尊重而白佛言:善來世尊!唯願哀愍,處此宮殿。時佛受請,即升寶殿,一切十方悉亦如是。」(〈升夜摩天宮品〉)

　　〈升夜摩天宮品〉主要在闡述夜摩天王自憶念於過去佛所,所種的諸善根,感得如今夜摩天宮中的莊嚴殊妙。本品的主要內容有:一、如來以威神力,令十方一切世界皆見如來處於眾會。二、世尊走向夜摩天宮的寶莊嚴殿,時夜摩天王遙見佛來,即以神力莊嚴殿內,並求佛哀愍其心,能得受請而升寶殿。三、夜摩天王承佛神力,憶念往昔諸佛功德,稱揚讚頌,於此時,世尊即入莊嚴殿,於師子座上結跏趺坐。此殿忽然,廣博寬容,如其天眾,諸所住處。

　　世尊開演十法界——佛、菩薩、緣覺、聲聞、天、人、阿修羅、畜生、餓鬼、地獄。前四者為聖界,後六者為凡界。天界是一享受福報之地,而福報之得則來自於過往世諸多的善根所成;換言之,能於天界享福是其所努力而來的。唯於天界中尚分——欲界有六天、色界有十八天、無色界有四天,總之,不同的天,自有其不同的殊勝之處,且越往上層級的天,其福報、壽命、莊嚴等更是加倍淨妙。夜摩天是欲界的第三天,此天王所處宮殿的莊嚴殊妙,已非人界所可以思議,唯夜摩天王的福報、智慧是其往昔所種善根的回報。天界的福報雖是人界所難以想像的,但天界尚屬於凡界;換言之,世尊開演天界的殊妙,並非要學人以享福報為修學的目的,因一切的享福終將有完盡的時候,以是要學人能超凡入聖才能究竟。簡言之,即或在天界享受福報的天人,仍必須要一再地聽聞佛法,了知享福只是一時的幻化與無常,實非究竟之地,故天王仍要恭敬禮請世尊「唯願哀愍,處此宮殿。」顯然,對法義的精進不捨,才是修學的最重要心態。

　　觀眼前的一切現象，全世界、全人類雖同處一地球，但各有不同的地理環境、社會風俗、人情義理等，如是的千差萬別，其起因為何？佛法總稱是：一切法皆是因緣和合而生。所謂因（主要條件）緣（輔助條件）之說，是為說明一切人、事、物的產生，皆有其起因、過程與結果；換言之，絕無有自然而生起之事。即或是同一家庭的兄弟姊妹，亦往往有不同的人生際遇，此一皆不離因緣之理。論因、緣、果的目是：任何人皆要為自己一切言語、行為負完全的責任。為人若能在順境當下知惜福、惜緣，且有將福報與他人分享的心，相信自己亦會多一分的自在與祥和。

 ## 隨順因緣與眾生結法緣最是自在

　　「爾時，佛神力故，十方各有一大菩薩，一一各與佛剎微塵數菩薩俱。從十萬佛剎微塵數國土外，諸世界中，而來集會。爾時，功德林菩薩，承佛威力，普觀十方而說頌言：佛放大光明，普照於十方，悉見天人尊，通達無障礙。佛坐夜摩宮，普遍十方界，此事甚奇特，世間所希有。須夜摩天王，偈讚十如來，如此會所見，一切處咸爾。彼諸菩薩眾，皆同我等名，十方一切處，演說無上法。」（〈夜摩宮中偈讚品〉）

　　〈夜摩宮中偈讚品〉主要在敘述以佛的神力故，有微塵數的菩薩皆來集會，世尊放百千億妙色光明，普照十方一切世界、夜摩宮中，感得諸菩薩的讚頌。本品的主要內容有：一、因佛的神力，有微塵數菩薩，從十萬佛剎微塵數國土外，諸世界中而來集會。二、是諸菩薩至佛所已，頂禮佛足，隨所來方，各化作摩尼藏師子之座，於其座上，結跏趺坐。如此世界中，夜摩天上，菩薩來集，悉亦如是。三、世尊大放光明，普照十方，佛及大眾，靡不皆現。諸菩薩皆承佛威力，遍觀十方而以偈讚頌佛的功

德，如：「遊行十方界，如空無所礙，一身無量身，其相不可得。佛功德無邊，云何可測知，無住亦無去，普入於法界。」又：「不可思議劫，供養無量佛，若能知此義，功德超於彼，無量剎珍寶，滿中施於佛，不能知此義，終不成菩提。」又：「一切法無來，是故無有生，以生無有故，滅亦不可得。一切法無生，亦復無有滅，若能如是解，斯人見如來。」又：「如來廣大身，究竟於法界，不離於此座，而遍一切處。若聞如是法，恭敬信樂者，永離三惡道，一切諸苦難。」

澄觀大師《華嚴經疏》對於世尊於天界「不起而升」有釋云：「一、不起一切菩提樹而升一天。二、不起一處而升一切處。三、不起一處而升一處。四、不起一處而升一切處。」依如來的自在力，一切法界皆在佛的法身中，故不論佛生於何天，於十方而言皆是佛在當下的演法，故總曰「不起」；而佛的受請升於某一法界，是為展現法界眾生之所以能見佛、聞法，是需待因緣所聚成，是甚難得、殊勝與希有的。於無量法界中，佛皆可往來自在而說法。

有關佛的上升天界，皆隸屬於欲界中，而沒有色界與無色界，或可理解為：成佛的目的在為度化眾生，而佛的上升天界是不離菩提樹下的寶座，如是除顯現佛於成道後所具有的禪定三昧外，亦說明佛是以人間為主的。而佛於升、降之間可往來自在，此正是相應於不同法界的觀念，亦可言佛教的世界觀是有階層的：由一小千世界為一中千世界，一千中千世界為一大千世界，總曰「三千大千世界」，此大千世界即是娑婆世界，釋迦佛是於此世界的閻浮提州而成佛，亦是世尊的教化場所。然依《華嚴經》所展現的時間無盡性與空間超越性，正為說明於他方世界中，亦皆有真實如釋迦佛的成佛者，與上升天界而說法度眾的情事，而每一法界的欲界皆是菩薩道修持者的場所，故雖言上升天界，仍以欲界為主，此正表顯《華嚴》除展現佛始成正覺境界的部分外，而佛的說法教化眾生更是另一重

要的部分。

 ## 信與解將因行持而轉增堅固精進

「爾時，功德林菩薩承佛神力，入菩薩善思維三昧。……爾時，諸佛各申右手摩功德林菩薩頂，時功德林菩薩即從定起，告諸菩薩言：佛子！菩薩行不可思議與法界虛空界等，何以故？菩薩摩訶薩學三世諸佛而修行故。佛子！菩薩摩訶薩有十種行，三世諸佛之所宣說。何等為十？一者歡喜行。二者饒益行。三者無違逆行。四者無屈撓行。五者無癡亂行。六者善現行。七者無著行。八者難得行。九者善法行。十者真實行。」（〈十行品〉）

〈十行品〉主要在闡述菩薩當學三世諸佛而修行「十行」法，本品主要內容有：一、歡喜行──為大施主，凡所有物，悉能惠施，其心平等，無有悔吝，不望果報，不求名稱，不貪利養，但為救護一切眾生。二、饒益行──護持淨戒，於色聲香味觸，心無所著，亦為眾生如是宣說。不求威勢，不求富饒，如是一切皆無所著，但堅持淨戒。三、無違逆行──常修忍法，謙下恭敬，不貪求名聞利養。但作是念：我當常為眾生說法，令離一切惡，斷貪瞋癡憍慢覆藏，慳嫉諂誑，令恆安住忍辱柔和。四、無屈撓行──修諸精進，終不為惱一眾生故而行精進，但為斷一切煩惱故而行精進，但為拔一切惑本故而行精進，但為除一切習氣故而行精進。五、離癡亂行──成就正念，心無散亂，堅固不動，最上清淨，廣大無量，無有迷惑，以是正念故，善解世間一切語言，能持出世諸法言說。六、善現行──身、語、意業清淨，住無所得，示無所得。身語意業，能知三業，皆無所有。無虛妄故，無有繫縛。凡所示現，無性無依，住如實心。七、無

著心——於念念中,能入阿僧祇世界,嚴淨阿僧祇世界。於諸世界,心無所著,往詣阿僧祇諸如來所,恭敬禮拜,承事供養。八、難得行——成就難得善根。與一切佛,同一善根。修諸行時,於佛法中,得最勝解。於佛菩提,得廣大解。於菩薩願,未曾休息,盡一切劫,心無疲倦,具行一切菩薩苦行。九、善法行——為一切世間、天人魔梵、沙門、婆羅門等,做清涼法池,攝持正法,不斷佛種,得清淨光明陀羅尼,說法授記,辯才無盡,得具足義。十、真實行——成就第一誠諦之語,如說能行,如行能說。學三世諸佛真實語、入三世諸佛種性、與三世諸佛善根同等。

有關「十行」之義,據澄觀大師《華嚴經疏》有云:「隨緣順理,造修名行。數越塵沙,寄圓辨十。仁王名為十止。就三學中,定心增故。梵網名為長養,長道根故。若具梵本,應云功德華聚。菩薩說十行品,則兼能說人。有行德者,以行為主。功德林入者為眾首故,表說十行,眾德建立故。」「住」是於法上能安住不退,「十住」的建立是為使初學者能對佛法產生信心,當於「法」能有堅固心,再進一步即要開始行持。依澄觀大師之義,行的重點在建立眾德,能行持自度度人的德行,則可長養諸善根,而深植善根,於三無漏學中,則是定心的增長,故十行由歡喜行以至真實行,皆將修持過程中,所應抱有的心態有甚詳明的列舉,而行終究是為佛種性不斷,是為修持佛法中能使定心永固增長。

 ## 自心定功是修學的根本

「爾時,復以佛神力故,十方各過十萬佛剎微塵數世界外,有十萬佛剎微塵數菩薩俱,來詣此土,充滿十方,語功德林菩薩言:佛子!善哉!善哉!善能演說諸菩薩行。我等一切同名功德林,所住世界皆名功德幢,彼土如來同名普功德,我等佛所亦說此法。眾會眷屬、言詞義

理，悉亦如是，無有增減。佛子！我等皆承佛神力，來入此會，為汝作證。十方世界，悉亦如是。」（〈十行品〉）

依世尊的正等正覺亦是累劫行持修證而得，足見唯有腳踏實地的行，且生生世世亦皆如是，當功德圓滿，才有修成正果之期。以修持而言，即使確然有宿慧之事，但即使修證至菩薩，尚有隔陰之迷（每一轉世，於時、空間的物換星移上，無法一開始即清明如前世），故行是一永無終止的目標，以是而知：修行當以無量佛法為行持依據，故十行不能僅以修行階位而視之；換言之，華嚴所開展的修行階位，實非僅是階位而已。雖言如此，但階位的設定，是於修學上有其必要性，是為令學人能穩健、不間斷地持續，且所經文所云：十方世界所行之法皆然如是，無有增減，更是為強調自心的定力才是修學的根本之道。

《華嚴經》以描述佛果的正覺境界為主述，如是所展現的經義確然令人不可思議，而如是的思想又確然難以在現實世界中得到印證，且如是的宇宙觀亦往往令人難以契入其境，然不可思議的圓滿境界，於華嚴經義中卻佔了一大半篇幅。正因佛果的正覺境界不可思議，才更能彰顯成佛的殊勝不同凡俗，是絕非情識所可觸及之，然所謂成佛之境雖難以思議，但佛的成就卻又是依人證入，至此，華嚴在開展成佛的歷程中，卻又如是的分明、踏實且有層次，而此部分，亦佔了華嚴經義的一大半，足見整部八十《華嚴經》，是由佛果的正覺境界與修證成佛的歷程，此兩大部分所結構而成的。

成佛當不離於法界中的歷劫修證，而修證成佛的原動力，則不離「心」，此心即是「自心」，菩薩的修證首重興發成就無上正等正覺心，依澄觀大師《華嚴經疏》所云：「華嚴性海不離覺場，說佛所證海印三昧親所發揮，諸大菩薩定心所受。昔人不詳至理，不參善友，但當尋文，不

貴宗通，唯攻言說，不能以聖教為明鏡，照見自心，不能以自心為智燈，照經幽旨。……不知萬行，令了自心。」佛法的得證在心，故所謂「佛」，義為「覺者」，自心能解脫開悟，並以自悟之理而教化眾生，此即所謂佛。故凡夫欲修證成佛，除依持聖教之外，當要再照見自心，前者為教，後者為心，唯教心相成才能登入真修實證之路，而《華嚴經》開展甚多修證的法門，亦無非在令學人了自心而得實智。

 ## 為度眾生則需培養多聞多能力

「爾時，功德林菩薩復告諸菩薩言：佛子！菩薩摩訶薩有十種藏，過去、未來、現在，諸佛已說、當說、今說，何等為十？所謂信藏、戒藏、慚藏、愧藏、聞藏、施藏、慧藏、念藏、持藏、辯藏，是為十。」（〈十無盡藏品〉）

本品主要內容有：一、信藏——菩薩信一切法空、無相、無願、無作、不可量、無有上、難超越、無生，若能如是隨順一切法，生淨信已，聞諸佛法，不可思議，心不怯弱。二、戒藏——菩薩成就普饒益戒、不受戒、不住戒、無悔恨戒、無違諍戒、不損惱戒、無雜穢戒、無貪求戒、無過失戒、無毀犯戒等。三、慚藏——菩薩憶念過去，所作諸惡，而生於慚。心自念言：我無始世來，與諸眾生，更相惱害，遞相陵奪，互為怨讎，是故我應專心斷除，得證菩提，廣為眾生說真實法。四、愧藏——菩薩自愧昔來，於五欲中，種種貪求，無有厭足，因此增長貪恚癡等一切煩惱，是故我當修行於愧，速成菩提，廣為眾生說真實法。五、聞藏——菩薩知是事有故，是事有。是事無故，是事無。是事起故，是事起。是事滅故，是事滅。是世間法、是出世間法等。我當發意，持多聞藏，得證菩提，為眾

生說真實法。六、施藏──菩薩行十種施：分減施、竭盡施、內施、外施、內外施、一切施、過去施、未來施、現在施、究竟施等，並以此開導一切眾生，不生貪愛，悉得成就清淨智身。七、慧藏──菩薩於色、色集、色滅、色滅道，如實知，於受想行識、受想行識集（滅、滅道）如實知，於無明、愛、聲聞、獨覺、菩薩等如實知，住此藏者，得無盡智慧，普能開悟一切眾生。八、念藏──菩薩捨離癡惑，得具足念，憶念過去無量百千生（劫）之無數無量無邊無等之佛名號、佛出世說修多羅等，住是念時，於一切佛所，悉得親近。九、持藏──菩薩持諸佛所說，修多羅、文句義理，無有忘失，一生持乃至不可說生持，此持藏，無量無盡，具大威力，是佛境界，唯佛能了。十、辯藏──菩薩有深智慧，了知實相，廣為眾生，演說諸法，不違一切諸佛經典。成就此藏，得攝一切法，陀羅尼門現在前，百萬阿僧祇陀羅尼以為眷屬。

據澄觀大師《華嚴經疏》所云：「藏是出生蘊積之義。謂一藏內體含法界故。攝德出用，一一無盡。」「藏」除有「出生蘊積」之義外；若以佛教所言的經律論號曰「三藏」，則「藏」亦恍若一大「藏庫」，包羅含藏豐富，此為「藏」的第二義。本品雖列有「十藏」的品目，然正因其名為「無盡」，故每一藏亦皆含有無盡之藏，無盡藏則是無盡法，而一切無盡法，其目的只有一，即「令諸菩薩究竟成就無上菩提」。華嚴的特色在「十」、在「圓滿」，一法界可謂是一小藏，而無盡的法界可謂是一大藏，不論是一小藏或一大藏，在華嚴莊嚴世界海中，皆可相融無礙，故云：「十種無盡法，能令一切世間所作，悉得究竟無盡大藏。」

 ## 立於無限生命的願力與慈悲

「佛子！此十種無盡藏有十種無盡法，令諸菩薩究竟成就無上菩

提。何等為十？饒益一切眾生故，以本願善迴向故，一切劫無斷絕故，盡虛空界悉開悟心無限故，迴向有為而不著故，一念境界一切法無盡故，大願心無變異故，善攝取諸陀羅尼故，一切諸佛所護念故，了一切法皆如幻故。是為十種無盡法，能令一切世間所作，悉得究竟無盡大藏。」（〈十無盡藏品〉）

　　對於成佛而言，每一法界自有其修證以達究竟的歷程，然在《華嚴經》中，時間是無盡性的，於某一世界的一劫，在另一他方世界可能為一日一夜而已，故於成佛而言，在華嚴世界中實無有其終期。而相應於成佛的法門而言，唯是無盡法，在《華嚴經》中雖有不同的行門，如：十住、十行、十迴向、十地，乃至十定、十通、十忍等，然如是的不同法門，皆是無盡藏法中的一部分。於華嚴的世界，其名總曰「華藏」，凡一切能成就佛道的法，皆一一涵藏於此華藏莊嚴世界海中，一皆在毘盧遮那佛願海中而得圓滿成就。

　　《華嚴經》以描述佛果的正覺境界為始，此為不可思議的部分；唯佛道之成是依人而證入，以是，成佛當在法界中歷劫修行，此中所呈現的就是無盡法門的開演。法門雖無盡，此乃依於學人不同的根器之故，唯修證成佛的原動力，一皆不離於「心」，此即《華嚴經》中的「一切唯心造」。簡言之，佛法的得證在心，故所謂佛（覺者），其義是：自心能解脫開悟，並以自悟之理而教化眾生，此即謂之為佛。故凡夫欲修證成佛，除對法門教法的揀擇與修學之外，當要再照見自心，前者為「教」，後者為「心」，唯兩者相應合一，才能登入真修證之路，而《華嚴經》開展如是無盡藏的修證法門，亦無非在令學人能了自心而得實智。

　　人於一期的生命中，凡一切皆是有限的，唯如是有限的一期生命，是依於相而言；然華嚴一再地開演佛壽量的無窮、空間的無限，此乃立於

體而言。以是而知：所謂修學佛道，則當要能立足於先天的體上，亦可言：人的一生其最重要的目標，就是返回於父母未生前的本來面目。唯如是的理念，必須能時時、處處的提醒自己，簡言之，在現實的世間裡，對一切所呈現的現象，要能如是的觀照：永遠皆在剎那變動之中，一切現象皆是暫時的存在。依於如是的觀照，是為使在現實世間裡，對一切的順、逆境，皆能了然放下；反之，若不能有真實的觀照，則將於一切的境緣之中，彼此糾葛、牽扯，如是的一世又一世，此即所謂的輪迴生死。

若能思維至此，則知要能善用現前寶貴的一生，以達返歸本來面目的境地，當自己境界能提昇時，若有願力則再入世以度化眾生，則即如諸佛的壽量實然無有限期，因於眾生無盡，以是諸佛菩薩的願力亦將無有窮盡。

 ## 莊嚴妙寶皆為成就眾生

「爾時，佛神力故，十方一切世界，一一四天下閻浮提中，皆見如來坐於樹下，各有菩薩承佛神力，而演說法，靡不自謂恆對於佛。爾時，世尊復以神力，不離於此菩提樹下，及須彌頂、夜摩天宮，而往詣於兜率陀天，一切妙寶所莊嚴殿，時兜率天王遙見佛來，即於殿上敷摩尼藏師子之座。」（〈升兜率天宮品〉）

〈升兜率天宮品〉主要在闡述佛以神力往詣兜率天一切妙寶所莊嚴的宮殿。本品的主要內容有：一、兜率天王遙見佛來，即於殿上敷摩尼藏師子之座，此師子座由諸天妙寶之所集成，殊勝莊嚴無比。又承如來的神力所現，令一切眾生咸來觀察，無有能得究其妙好。師子座周匝的妙寶莊嚴，光明遍照與法音流露，令無量數的王子、天王、菩薩等皆起信樂、心淨、尊重與生希有之想。二、時兜率天王為如來敷置座已，心生尊重，與

無量數的兜率天子、天女、菩薩以無量數的香雲、香華、妙音等，奉迎如來。三、爾時，一切諸天及諸菩薩眾，見於如來不可思議的種種神變，令無數眾生心大歡喜，安住善根，獲一切智，心常清淨，入諸佛境等，此一切功德皆從往昔善根所現，一切菩薩於一切劫，稱揚讚說不可窮盡。四、兜率天王為奉迎如來，其諸供具已，即與無量數的兜率天子向佛合掌，恭請佛能受天王請，入一切寶莊嚴殿。爾時，世尊以佛莊嚴而自莊嚴，具大威德，為令一切眾生、菩薩、天子能發起清淨信，即受天王請入一切寶莊嚴殿。五、兜率天王承佛威力，即自憶念過去佛所，所種善根，而說頌言。此偈頌內容主要在說明：唯因過去有無量諸佛入莊嚴殿，是故此處最吉祥。

《華嚴經》的各品，皆一再地呈現莊嚴妙境的殊勝無比，此看似是一種外在的裝飾，實則其內涵意義在於能令一切眾生心大歡喜。於諸佛、菩薩而言，其心境已然超凡入聖，在破一品無明即證得一分法身的過程中，其定力的等持更是日日精進，簡言之，其內心的寂靜涅槃，早已超越任何一切的外緣之飾。但在為令一切眾生能契入佛智之故，以是，佛呈現三十二相、八十種好，以相好莊嚴得令眾生心生歡喜且願樂親近，亦可言：所有的諸佛、菩薩皆以相好莊嚴而接引眾生。同理，天王為其天子與眷屬們，能於諸佛、菩薩之德心生信樂、尊重與希有之想，仍須以妙寶莊嚴其殿而奉迎如來。以是而知：我們在日常的生活之中，一位有心修學者，實然必須精進不可懈怠，簡言之，能接引更多的眾生，首先，除自己要具備良好的品德與學問之外，尚須在各方面皆能設想周到，如：環境的整理與維持，招待眾生要有健康美味的佳餚，出入送往皆能有一定的儀規遵循，乃至，關懷眾生的生活點滴與其眷屬等；換言之，為度化更多的眾生，則當具備更多的善巧因緣，此於接引眾生上才能更廣面與圓滿。

應時應機的活潑相處方式

「爾時，佛神力故，十方各有一大菩薩，一一各與萬佛剎微塵數諸菩薩俱，從萬佛剎微塵數國土外，諸世界中來詣佛所。……如此世界兜率天宮諸菩薩眾，如是來集。十方一切兜率天宮，悉有如是名號菩薩而來集會。所從來國，諸佛名號，亦皆同等，無有差別。」（〈兜率宮中偈讚品〉）

〈兜率宮中偈讚品〉主要在闡述諸菩薩對兜率天宮的莊嚴殊勝而給予偈讚。本品的主要內容有：一、金剛幢菩薩的偈讚：「色身非是佛，音聲亦復然，亦不離色聲，見佛神通力，少智不能知，諸佛實境界，久修清淨業，於此乃能了。」二、堅固幢菩薩的偈讚：「若有尊敬佛，念報於佛恩，彼人終不離，一切諸佛住。」三、勇猛幢菩薩的偈讚：「設於無數劫，則寶施於佛，不知佛實相，此亦不名施，無量眾色相，莊嚴於佛身，非於色相中，而能見於佛。」四、光明幢菩薩的偈讚：「人間及天上，一切諸世界，普見於如來，清淨妙色身，譬如一心力，能生種種心，如是一佛身，普現一切佛。」五、智幢菩薩的偈讚：「佛身非過去，亦復非未來，一念現出生，成道及涅槃，如幻所作色，無生亦無起，佛身亦如是，示現無有生。」六、寶幢菩薩的偈讚：「眾生如是說，某日佛成道，如來得菩提，實不繫於日，如來離分別，非世超諸數，三世諸導師，出現皆如是。」七、精進幢菩薩的偈讚：「如剎不可思，而見淨莊嚴，佛難思亦爾，妙相無不現，譬如一切法，眾緣故生起，見佛亦復然，必假眾善業。」八、離垢幢菩薩的偈讚：「以佛為境界，專念而不息，此人得見佛，其數與心等，成就白淨法，具足諸功德，彼於一切智，專念心不捨。」九、法幢菩薩的偈讚：「設於念念中，供養無量佛，未知真實法，不名為供養，

若聞如是法，諸佛從此生，雖經無量法，不捨菩提行。」

於《華嚴經》中，一再地描繪佛現無量的神通，其目的但為調伏度化一切眾生。唯佛的一切演說法，忽而升天，又忽而人間；忽而是天界的神聖境界，又忽而是人間的凡夫意境，唯不論是在天界或人間，法界領域或有差別，然皆是在佛的圓滿光明遍照之下，則一切皆是平等。《華嚴經》暢論佛的境界，所謂境界，是對某一種層次的描述，於佛而言，即是自身所證悟，特指於心的一種親驗領悟。佛的心境一切無礙，故於天界與人間皆可往來自在，此為佛的變現出沒的神力，實亦在呈顯：佛心的作用是遍一切法界皆自在無礙。有關佛於天界、人間往來自在的論說，於《華嚴經》有三個天界，共包含六品：〈升須彌山頂品〉與〈須彌頂上偈讚品〉、〈升夜摩天宮品〉與〈夜摩宮中偈讚品〉、〈升兜率天宮品〉與〈兜率宮中偈讚品〉，於以上的六品中，更能彰顯見佛因緣的難得，以及佛遊於天人間往來教化的法門是活潑應機一切眾生。

因迴向則能廣大無量無邊

「爾時，諸佛各以右手摩金剛幢菩薩頂，金剛幢菩薩得摩頂已，即從定起，告諸菩薩言：佛子！菩薩摩訶薩有不可思議大願，充滿法界，普能救護一切眾生，所謂修學去來現在一切佛迴向。佛子！菩薩摩訶薩迴向有十種，三世諸佛咸共演說。何等為十？一者救護一切眾生離眾生相迴向。二者不壞迴向。三者等一切諸佛迴向。四者至一切處迴向。五者無盡功德藏迴向。六者入一切平等善根迴向。七者等隨順一切眾生迴向。八者真如相迴向。九者無縛無著解脫迴向。十者入法界無量迴向。」（〈十迴向品〉）

〈十迴向品〉主要在闡述菩薩摩訶薩有十種迴向，此十迴向為三世諸佛咸共演說，本品的主要內容有：

一、救護一切眾生離眾生相迴向——菩薩摩訶薩修無量善根時，作是念言，願此善根，普能饒益一切眾生，皆使清淨，至於究竟。種善根時，以己善根，如是迴向，我當為一切眾生作舍，令免一切諸苦事故。

二、不壞迴向——菩薩摩訶薩於去來今，諸如來所，得不壞信，悉能承事一切佛故。於一切佛法，得不壞信，發深志樂故。菩薩摩訶薩以如是等善根功德，迴向一切智，願常見諸佛，親近善友與諸菩薩，同共止住，念一切智，心無暫捨。

三、等一切諸佛迴向——菩薩摩訶薩隨順修學去來現在，諸佛世尊，迴向之道。如是修學迴向道時，見一切色，乃至觸法，若美若惡，不生愛憎，心得自在。菩薩摩訶薩獲得如是安樂之時，復更發心，迴向諸佛，作如是念，願以我今所種善根，令諸佛樂，轉更增勝。

四、至一切處迴向——菩薩摩訶薩修習一切諸善根時，作是念言，願此善根功德之力，至一切處、物、世間、眾生、國土、法、虛空等。一切善根悉迴向故，以如諸天諸供養具，而為供養，充滿無量無邊世界。

五、無盡功德藏迴向——菩薩摩訶薩以懺除一切諸業重障，所起善根，禮敬三世一切諸佛。所起善根，勸請一切諸佛說法。菩薩摩訶薩復以善根，如是迴向，願我所修，一切佛剎、諸大菩薩皆悉充滿，其諸菩薩，體性真實，智慧通達，捨離愚癡。

六、入一切平等善根迴向——菩薩摩訶薩或為帝王、轉輪王、菩薩摩訶薩安住如是自在功德，離諸業障，具足修行一切布施，如是施時，發善攝心，悉以迴向。菩薩摩訶薩隨所施物，無量無邊，以彼善根，如是迴向，所謂施眾生時，願一切眾生，得智慧食，心無障礙。

七、等隨順一切眾生迴向——菩薩摩訶薩隨所積集一切善根，悉以迴

向，為諸眾生功德之藏，住究竟道。復作是念，願我以此善根果報，盡未來劫，修菩薩行，悉以惠施一切眾生，悉以迴向一切眾生。

八、真如相迴向──菩薩摩訶薩正念明瞭，其心堅住，於菩薩道，信樂堅固，勤修一切功德智慧，為調御師，生眾善法，以智方便而為迴向。菩薩以諸善根如是迴向，所謂願得圓滿無礙身業、願得清淨無礙口業、願得成就無礙意業。

九、無縛無著解脫迴向──菩薩摩訶薩於一切善根，心生尊重，所謂於出生死，心生尊重，於攝取一切善根，心生尊重，於如是等種種善根，皆生尊重，隨順忍可。以諸善根，如是迴向，所謂以無著無縛解脫心，成就普賢身業、清淨普賢語業、圓滿普賢意業。

十、入法界無量迴向──菩薩摩訶薩以法施為首，發生一切清淨白法，攝受趣向一切智心，殊勝願力，究竟堅固，成就增益，巨大威德，依善知識，心無諂誑，思維觀察一切智門，無邊境界，以此善根，如是迴向，願得修習，成就增長，廣大無礙，一切境界。

 ## 迴向的依據就是宇宙與我同體

「不為自身求快樂，但欲救護諸眾生，如是發起大悲心，疾得入於無礙地。十方一切諸世界，所有眾生皆攝受，為救彼故善住心，如是修學諸迴向。修行布施大欣悅，護持淨戒無所犯，勇猛精進心不動，迴向如來一切智。其心廣大無邊際，忍力安住不傾動，禪定甚深恆照了，智慧微妙難思議。十方一切世界中，具足修治清淨行，如是功德皆迴向，為欲安樂諸含識。」（〈十迴向品〉）

佛法的行持是有其崇高性，皆為指向成等正覺，而正覺的成就亦非僅

為自身，而是欲令一切眾生皆能得證佛果，故修學菩薩道者，其每一行持的發心皆不同於凡夫，而其差異處即在「迴向」上，菩薩的修學，其迴向皆為登至彼岸。據澄觀大師《華嚴經疏》所云：「迴者轉也，向者趣也。轉自萬行，趣向三處（眾生、菩提及以實際），故名迴向。宗趣者，以無邊行海，順無盡大願為宗，成就普賢法界德用為趣。」依澄觀大師之義，迴向的趣向有三處，即迴向眾生、迴向菩提與迴向實際。所謂迴向，必由「自」而向「他」，若僅自身具足善根修持，而不興欲饒益一切眾生，則不可名為迴向，故迴向眾生是修學菩薩道者的第一處迴向。菩薩以己之善根普攝一切眾生，甚至以己之善根而迴向佛（令諸佛樂，轉更增勝），與迴向一切菩薩（願未滿令滿，心未淨令淨）。據澄觀大師之釋，十迴向的前三迴向，皆是迴向眾生。而所謂「迴向菩提」，即菩薩以己之諸善根，迴向成就無上菩提到達彼岸，並能隨喜眾生的福報善根，而迴向阿耨菩提；據澄觀大師之釋十迴向中的四、五、六迴向，皆是迴向菩提。另所謂「迴向實際」，實際係指菩薩積集一切善根，是為住究竟道，而於菩薩本身的修行而言，所謂實際即能證得圓滿、清淨、無礙的身口意業；據澄觀大師之釋十迴向中的七、八迴向為迴向實際。至於十迴向的第九、十迴向，依澄觀大師所言：「後二義，通於果及與實際」。佛法是由「世」向「出世」之行，故菩薩所具足的一切善根，皆為「以無著無縛解脫心，成就清淨圓滿的普賢身語意業」，普賢為大行的圓滿，故依普賢的無盡大願，菩薩於出世法的成就後，必將再迴向教化成熟一切眾生能趣向出世之行，永登彼岸。唯能令一切眾生皆能實際受用得果，才能真正完成普賢的願行，一切皆圓滿無礙。

於世俗有言：「公修公得，婆修婆得」，此乃意謂每一個人皆要為自己的一切言行舉止負最高的責任。唯於修行者而言，其最終的證悟即是：宇宙一切的生命，實然皆與我為一體而無別。以致當能證悟至實際理境

時，則必將再發心於迴向一切眾生，因一即一切；換言之，迴向之所以可能的原因，其依據就是宇宙與我同為一體，故迴向就是一種自與他為一體的證悟之行。

 ## 為轉增明淨以是有修行階位之說

「爾時，十方諸佛，各申右手摩金剛藏菩薩頂，摩頂已，金剛藏菩薩從三昧起，普告一切菩薩眾言：諸佛子！諸菩薩願善決定無雜不可見，廣大如法界，究竟如虛空。盡未來際，遍一切佛剎，救護一切眾生，為一切諸佛所護，入過去未來現在諸佛智地。佛子！何等為菩薩摩訶薩智地？佛子！菩薩摩訶薩智地有十種。過去未來現在諸佛，已說當說今說，我亦如是說。何等為十？一者歡喜地。二者離垢地。三者發光地。四者焰慧地。五者難勝地。六者現前地。七者遠行地。八者不動地。九者善慧地。十者法雲地。」（〈十地品〉）

〈十地品〉主要在闡述菩薩摩訶薩的智地有十種。本品的主要內容有：

一、歡喜地——菩薩住此歡喜地，念諸佛故生歡喜，念諸佛法故生歡喜，念諸菩薩故生歡喜，念諸菩薩行故生歡喜等。菩薩住此歡喜地已，以大願力，得見多百千億那由他佛，悉以大心深心，恭敬尊重。所有善根，悉以迴向一切智地，轉轉明淨，調柔成就，隨意堪用。菩薩摩訶薩已修初地，當起十種深心：正直心、柔軟心、堪能心、調伏心、寂靜心、純善心、不雜心、無顧戀心、廣心、大心，以此十心，得入第二地。

二、離垢地——菩薩住離垢地，性自遠離一切殺生，仁恕具足。性不偷盜，於自資財常知止足。性不邪淫、不妄語、不兩舌、不惡口、不綺語、不貪欲、離瞋恚、離邪見，護持十善業道，常無間斷。菩薩摩訶薩已

淨第二地，當起十種深心：清淨心、安住心、厭捨心、離貪心、不退心、堅固心、明盛心、勇猛心、廣心、大心，以是十心，得入第三地。

三、發光地——菩薩觀一切有為法，倍增厭離，趣佛智慧，見佛智慧，不可思議，無等無量、無惱無憂，不復退還。見一切有為，無量過患，則於一切眾生，生哀愍心，欲度眾生，令住涅槃。菩薩摩訶薩第三地善清淨已，當修行十法明門：觀察眾生界、法界、世界、虛空界、識界、欲界、色界、無色界、廣心信解界、大心信解界，以此十法明門，得入第四地。

四、焰慧地——菩薩住此第四地，觀內身、外身、內外身脩身觀，勤勇念知，除世間貪憂。菩薩隨所起方便慧，修習於道及助道分，如是而得潤澤心、柔軟心、求上上勝法心，隨所聞法皆善修行心。菩薩摩訶薩第四地所行道，善圓滿已，當以十種平等清淨心趣入：於過去、未來、現在佛法平等清淨心，戒、心、除見疑悔、道非道智、修行智見、於一切菩提分法上上觀察、教化一切眾生平等清淨心，以此十種平等清淨心，得入第五地。

五、難勝地——菩薩住此第五地已，以善修菩提分法故，善淨深心故，復轉求上勝道故，隨順真如故等，得不退轉心。善知一切菩薩地，次第成就諦，乃至善知如來智成就諦。菩薩以如是智慧，觀察所修善根，皆為救護、利益、安樂、哀愍、成就一切眾生。菩薩摩訶薩已具足第五地，當觀察十平等法：一切法無相、無體、無生、無滅、本來清淨、無戲論、無取捨、寂靜、如幻如夢如影如響如水中月如鏡中相如焰如化、有無不二故平等，菩薩如是觀一切法，自性清淨，隨順無違，得入第六地。

六、現前地——菩薩摩訶薩大悲轉增，精勤修習，為未滿菩提分法圓滿故，作是念：一切有為，有和合則轉，無和合則不轉。緣集則轉，緣不集則不轉。知有為法，多諸過患，當斷此和合因緣，然為成就眾生故，

亦不畢竟滅於諸行。菩薩摩訶薩具足第六地行已,當修十種方便慧,起殊勝道:雖善修空無相無願三昧,而慈悲不捨眾生;雖得諸佛平等法,而樂常供養佛;雖入觀空智門,而勤集福德;雖遠離三界,而莊嚴三界;雖畢竟寂滅諸煩惱焰,而能為一切眾生,起滅貪瞋癡煩惱焰;雖知諸法如幻如夢,如鏡中像自性無二,而隨心作業無量差別;雖知一切國土猶如虛空,而能以清淨妙行莊嚴佛土;雖知諸佛法身本性無身,而以相好莊嚴其身;雖知諸佛音聲性寂滅不可言說,而能隨一切眾生,出種種差別清淨音聲;雖隨諸佛了知三世唯是一念,而隨眾生意解分別,以種種相、時、劫數而修諸行。菩薩以如是十種方便慧,得入第七地。

七、遠行地——菩薩摩訶薩住此第七地已,入無量眾生界,入無量世界網,入無量諸佛覺了三世智等,皆悉應以無功用無分別心,成就圓滿。菩薩於七地中,善修習方便慧,善清淨諸道,善清淨深心思量,能成就福德智慧,大慈大悲,不捨眾生,入無量智道,入一切法,本來無生,無成無壞,無盡無轉,無性為性,初中後際,皆悉平等,無分別如如智之所入處,離一切心意識分別想,無所取著,猶如虛空入一切法,如虛空性,是名得無生法忍。菩薩成就此忍,即時得入第八地。

八、不動地——菩薩住此第八地,以大方便善巧智,所起無功用覺慧,觀一切智智所行境,所謂觀世間成、壞,由此業集故成,由此業盡故壞,皆如實知。又知無量微塵差別相,皆如實知,得如是觀三界差別智。此菩薩智地,名為不動地,無能沮壞故;名為不轉地,智慧無退故;名為難得地,一切世間無能測故;名為童真地,離一切過失故;名為生地,隨樂自在故;名為無功用地,先已成就故。菩薩成就如是智慧,入佛境界,佛功德照,順佛威儀,佛境現前,常為如來之所護念,隨諸佛轉法輪,不捨大悲本願力,得入第九地。

九、善慧地——菩薩摩訶薩住此善慧地,如實知善不善、無記法行、

有漏無漏法行、世間出世間法行等。菩薩以如是智慧，如實知眾生心、煩惱、習氣、樂欲等稠林。又如實知眾生心種種相、諸煩惱種種相，乃至無量差別相，皆如實知。菩薩住善慧地已，了知眾生諸行差別，教化調伏，令得解脫。菩薩住此第九地，晝夜專勤，更無餘念，唯入佛境界，親近如來，入諸菩薩甚深解脫常在三昧，恆見諸佛，未曾捨離。一一劫中，見無量佛，恭敬尊重，承事供養，所有善根，轉更明淨。

十、法雲地——菩薩摩訶薩住此法雲地，一切諸佛，所有智慧，廣大無邊，此地菩薩，皆能得入。菩薩通達如是智慧，隨順無量菩提，成就善巧念力，十方無量諸佛所有，無量大法明、大法照、大法雨，於一念頃，皆能安、能受、能攝、能持。唯除第十地菩薩，餘一切眾生、聲聞、獨覺乃至第九地菩薩，皆不能安、受、攝、持。菩薩住如是智慧，不異如來，身語意業不捨菩薩諸三昧力，於無數劫，承事供養一切諸佛，一一劫中，以一切種供養之具，而為供養，一切諸佛，神力所加，智慧光明，轉更增勝。

 由歡喜心至自在隨緣的生活

「爾時，佛神力故，法如是故，十方各有十億佛剎微塵數世界，六種十八相動。……雨眾天華、天鬘、天衣，及諸天寶莊嚴之具。幢幡繒蓋，奏天伎樂，其音和雅，同時發聲，讚一切智地所有功德。如此世界他化自在天王宮演說此法。十方一切世界，悉亦如是。」（〈十地品〉）

於《華嚴經》中，由「十住、十行、十迴向」的涵括內容，皆可謂是於佛法上的修持。唯「十地」的敘述，於階位的得入，有甚明確的層層向上之義，且由第一地的修證圓滿，才能得入第二地，依次而然至第十地皆如是，此十地確有階次之別。據澄觀大師《華嚴經疏》所云：「本業云：

地名為持。持百萬阿僧祇功德，亦名生成一切因果，故名為地。本論云：生成佛智住持故，即斯義也。唯識第九云：與所修行為勝依持令得生故者。」顯然，依「地」之義，其要點在「持」，唯能持無量無盡的功德，才能登地修行，以至成就佛果。地亦即大地，大地能長養一切萬物，故又名「生成一切因果」。以修證而言，地則當心地，故於初地的歡喜地中，唯能起十種深心（正直心、柔軟心……廣心、大心）才能得入第二地，於層層修證的歷程中，首重即是心地，此即是《華嚴經》特標明「一切唯心造」之義。以下總結十地的行相：

一、歡喜地——出生大願，漸次深故。以生歡喜心為主，於佛、菩薩、一切法皆能心生歡喜，即使身處逆境亦心生歡喜，唯能具足歡喜心，才能於修證歷程中對於種種的考魔皆能自在而不退轉。

二、離垢地——不受一切，破戒屍故。垢即不乾淨，對於會使心地不清淨的一切事，如殺生、偷盜、貪瞋癡等，皆要能厭離拋捨。心念的雜草能割除，才能有真正的清淨心向於佛道。

三、發光地——捨離世間，假名字故。唯能以佛法為實為貴，才能反觀一切有為法的憂惱不清淨。佛法就像一盞明燈永遠發著光，恆指引眾生趣向佛道。凡欲修證者，亦唯有如實相信佛法可令人離苦得樂，才能真正得到佛法的受益處。

四、焰慧地——與佛功德，同一味故。佛法的修證實不離「正心修身」，菩薩於一切菩提道分上，當要能隨一切不同法門而潤澤柔軟自己的身心，使智慧增長如焰火般，以掃除垢染而得深心清淨。

五、難勝地——出生無量方便神通，世間所作，眾珍寶故。菩薩於修證歷程上，當轉求上勝道，故曰「難勝」。唯能以智慧、精進力，再加上欲成就一切眾生的願心上，才能逐一超越無明、懈怠等之闇路，亦唯有向上求勝道之心，才有得成佛果的一日。

六、現前地——觀察緣生，甚深理故。當進入此地時，已由求勝道之心而轉為大悲漸增。修持至精純之境地，自能明一切有為法皆是如夢如幻，皆是虛假不實，然為成就一切眾生，則菩薩亦要修諸行，莊嚴一切。所謂「現前」即是「當前、當下」，一切法雖言終究成空，然虛空中又包含一切萬有（色），色與空是不二法，故雖言：國土危脆、人身無常，但仍要掌握每個當下而精進修持。

七、遠行地——廣大覺慧，善觀察故。於十地中，此地最為殊勝，如經云：「菩薩於十地中，皆能滿足菩提分法，然第七地，最為殊勝，何以故？此第七地，功用行滿，得入智慧自在行故。」修行本有其漸次性，由願求佛法、離心垢、願轉增長、入道、順世所作、入甚深法門，如是七地皆在滿足菩提分法，成就「智功用分」。由初地至第七地尚有功與行的修持，當入第八地時，則將進入自在行，即不執功與行，甚至是無功用行。

八、不動地——示現廣大莊嚴事故。所謂不動，即無能沮壞、智慧不退轉。菩薩至此境地，才可謂是真正入佛境界，一切皆隨樂自在，故亦可名為無功用地。雖言是無功用，但仍需隨諸佛轉法輪，不捨大悲本願力，才能再登高峰，故所謂不動，是於度眾方便善巧上，其心不執、不波動，但菩薩需有願力與神通力，簡言之，仍需具足行力，才能由雜染世界而登至清淨彼岸。

九、善慧地——得深解脫，得於世間，如實而知，不過限故。菩薩至第九地，心境更趨明淨，於一切眾生、一切法皆能如實了知，唯於眾生教化調伏令得解脫之願外，更無餘念，日夜精勤，親近如來，唯入佛境。所謂善慧，係指一切心念、智慧與慈悲皆轉向力求成佛道的圓善境地，故菩薩住此地時，除說法無盡為度眾生外，實無另起他念，此可謂已入甚深解脫之三昧。

十、法雲地——能受一切諸佛如來大法明雨，無厭足故。「法雲」之

義，係指於一切法皆能如雲的自在多采。此謂菩薩至第十地時，所具有的智慧已等同諸佛，與如來無異，已達智慧圓滿完成之境地。

肆、

《華嚴經》時空間的維次

修一切法門其目的皆為得定

「爾時，如來告普賢菩薩言：普賢，汝應為普眼及此會中諸菩薩眾，說十大三昧，令得善入成滿普賢所有行願。諸菩薩摩訶薩，說此十大三昧故，令過去菩薩已得出離，現在菩薩今得出離，未來菩薩當得出離。何者為十？一者普光大三昧。二者妙光大三昧。三者次第遍往諸佛國土大三昧。四者清淨深心行大三昧。五者知過去莊嚴藏大三昧。六者智光明藏大三昧。七者了知一切世界佛莊嚴大三昧。八者眾生差別身大三昧。九者法界自在大三昧。十者無礙輪大三昧。」（〈十定品〉）

〈十定品〉本品主要在闡述「十種三昧」的殊勝功德，其主要內容有：

一、普光大三昧——菩薩摩訶薩住此三昧，觀察法身，見諸世間普入其身，於中明見一切世間及世間法，於諸世間及世間法，皆無所著。

二、妙光大三昧——菩薩摩訶薩住此三昧，不壞世界安立之相，不滅世間諸法自性。觀一切法，一相無相，住真如性，恆不捨離。

三、次第遍往諸佛國土神通大三昧——菩薩摩訶薩於無數世界，入神通三昧，入三昧已，明見爾所無數世界，不生分別，心無染著，不作二、不作不二、不作普、不作別。

四、清淨深心行大三昧——菩薩摩訶薩終不分別如來出世及涅槃相，諸佛有相，及以無相，皆是想心之所分別。菩薩入於三昧，見佛聞法，從定而起，憶持不忘。

五、知過去莊嚴藏大三昧——菩薩摩訶薩得無邊次第智故，則知過去諸佛、諸剎、法門、諸劫、諸心、諸眾生等。菩薩於一念中，能入無量不可說劫，入此三昧，不滅現在，不緣過去，於如來所，受不可思議灌頂法。

六、智光明藏大三昧——菩薩摩訶薩住此三昧,能知未來一切世界,一切劫中所有諸佛,若已說、若未說、若已授記、若未授記,種種名號,各個不同。菩薩住此三昧,了知體性平等無有分別,能令菩薩知無量數差別之相。

七、了知一切世界佛莊嚴大三昧——菩薩摩訶薩住此三昧,於四維上下,所有世界,悉能次第入,皆見諸佛出興於世、一切神力、廣大威德、大師子吼等。菩薩住此三昧,隨其心樂,見諸佛身種種化相、言辭演法,受持不忘,而如來身,不增不減。

八、一切眾生差別身大三昧——菩薩摩訶薩住此三昧,於一切剎、一切方、一切劫、一切眾、一切法、一切三昧、一切地、一切菩薩、一切菩薩願、一切佛皆無所著。菩薩住此三昧,得稱讚、光明照耀、無所作、自在境界、神通彼岸。

九、法界自在大三昧——菩薩摩訶薩於自眼處乃至意處,入三昧,名法界自在。菩薩於自身一一毛孔中,入此三昧,自然能知諸世間、世間法、不可說佛剎微塵數世界。菩薩住此三昧,得諸佛海、諸殊勝、諸力、了知一切三昧。

十、無礙輪大三昧——菩薩摩訶薩入此三昧時,住無礙身、語、意業,住無礙佛國土,得無礙成就眾生智,轉無礙清淨法輪,得菩薩無礙自在,普入諸佛力,普住諸佛智,常得親近無量諸佛,作諸佛事,紹諸佛種。菩薩住此三昧,同去來今一切諸佛。

 ## 以定為基礎才能得真實智慧

「佛子!菩薩摩訶薩,亦復如是,不捨普賢大乘諸行,不退諸願。得佛自在,具一切智,證佛解脫,無障無礙,成就清淨。於諸國土,無

所染著。於佛法中，無所分別。雖知諸法普皆平等，無有二相，而恆明見一切佛土。雖已等同三世諸佛，而修菩薩行，相續不斷。」（〈十定品〉）

　　依十定所闡述的三昧，是以普賢菩薩所成就的自在神通力，是過於諸菩薩之上為立基之點；換言之，以普賢所成就的十種三昧，實已同諸如來。唯今所謂的普賢願行，以普賢之位階仍是菩薩，故尚不以佛稱之，如是即可看出，依《華嚴經》的整體思想而言，佛的境界是重要的敷陳，然如何將玄妙高尚的境界，迴向在現實修證過程裡則更顯迫切。普賢是以佛的境界而名菩薩，故當〈十定品〉在論述佛與菩薩的不同時，雖有兩者於內涵差異上的比較說明，如所謂「佛」是：「入智境界，則名為佛」、「知一切法，而能演說，名一切智」、「已得諸佛智慧之眼，是則說名覺一切法」，顯然，佛代表已修證（已入、已知、已得）完成，此當無有異議。另對於菩薩之述是：「雖成十力，行普賢行，而無休息，說名菩薩。」菩薩顯然是在已具有的能力上，仍然不斷再精進，而其所用之語法是「雖能（成）……（但）於……法，未曾休息」，故以佛代表已成的境界，菩薩則永在精進中，此是兩者的微妙不同處，但由普賢所代表的圓滿願行（與一切諸佛同入），則此「菩薩，住佛所住，與佛無二。」顯然，能依持普賢圓滿願行，則實與佛無二。澄觀大師於《華嚴經疏》有云：「定謂心一境性，十是數之圓極，以普賢深定妙用無涯，寄十以顯無盡，故云十定品」。《華嚴經》處處在展現不可思議境，如是的妙有境界，需由「有」（即「願心」的持續「定」）而向上追求才能臻至。

　　依《華嚴經》所論的三昧義，不論是「華嚴三昧」或「海印三昧」，其重點皆在以定心、心澄為基礎之上，才能真正堅固行持施、戒、忍、進及禪定、智慧方便神通等，此代表萬行的廣修，而其終究的目的是為普周

法界而證菩提。在華嚴與海印三昧的證得中，將使願心之發是在與毘盧遮那佛的互融互攝下為其立基，此亦意謂，唯有如是的發願心才有得證成佛的保證；換言之，普賢願行的發心能在與毘盧遮那佛相應相入之下，才有證得圓融法界性德之日，此即是普賢所代表之意義，而善財五十三參的最後所參亦即是普賢菩薩。

 ## 神通源於心的清淨平等

「爾時，普賢菩薩摩訶薩告諸菩薩言：佛子！菩薩摩訶薩有十種通：一、善知他心智神通。二、無礙天眼智神通。三、知過去際劫宿住智神通。四、知盡未來際劫智神通。五、無礙清淨天耳智神通。六、住無體性無動作往一切佛剎智神通。七、善分別一切言辭智神通。八、無數色身智神通。九、一切法智神通。十、入一切法滅盡三昧智神通。」（〈十通品〉）

由修持三昧而有十定，由定可證得通，〈十通品〉主要在闡述由普賢菩薩所開演的十種通，本品的主要內容有：

一、善知他心智神通——菩薩摩訶薩以他心智通，知一三千大千世界眾生心差別，所謂善心不善心、廣心狹心、大心小心，無量差別種種眾生心，悉分別知。

二、無礙天眼智神通——菩薩摩訶薩以無礙清淨天眼智通，見無量不可說佛剎微塵數世界中眾生，死此生彼，善趣惡趣，悉皆見之，無有錯謬。

三、知過去際劫宿住智神通——菩薩摩訶薩以宿住隨念智通，能知自身及不可說佛剎微塵數世界中一切眾生，過去不可說佛剎微塵數劫宿住之事，所謂某處生、如是名、如是姓、如是等事，皆悉了知。

四、知盡未來際劫智神通——菩薩摩訶薩以知盡未來際劫智通，知不可說佛剎微塵數世界中所有劫。一一劫中，所有眾生，命終受生，諸有相續，業行果報，如是等事，悉能了知。

五、無礙清淨天耳智神通——菩薩摩訶薩成就無礙清淨天耳，圓滿廣大聰徹離障，了達無礙，具足成就，於諸一切所有音聲，欲聞不聞，隨意自在。

六、住無體性無動作往一切佛剎智神通——菩薩摩訶薩住無體性神通，能聞極遠一切世界中諸佛名，不動本處而見其身，觀佛聽法請道，無有疲厭，修菩薩行，成就大願，為令如來廣大種性，不斷絕故。

七、善分別一切言辭智神通——菩薩摩訶薩以善分別一切眾生言音智通，知不可說佛剎微塵數世界中所有言辭，各個表示，種種差別，如是一切，皆能了知，令諸世間聰慧之者，悉得解了。

八、無數色身智神通——菩薩摩訶薩以出生無量阿僧祇色身莊嚴智通，知一切法，遠離色相，無差別相，無種種相。菩薩深入無色法界，起種種神通，為所化者，現種種自在，施種種能事。

九、一切法智神通——菩薩摩訶薩以一切法智通，知一切法無有名字，無有種性。雖知實相，不可言說，而以方便無盡辯才，隨法隨義，次第開演。雖有言說而無所著，以眾妙音，隨眾生心，普雨法雨而不失時。

十、入一切法滅盡三昧智神通——菩薩摩訶薩以一切法滅盡三昧智通，於念念中，入一切法滅盡三昧，亦不退菩薩道，不捨菩薩事，恆不捨離一切眾生，教化調伏，未曾失時，無有休息，而於三昧，寂然不動。

 ## 一切眾生本具不可思議的神通

「佛子！菩薩摩訶薩住於如是十種神通，一切天人不能思議、一切眾生不能思議、一切聲聞、一切獨覺，及餘一切諸菩薩眾，如是皆悉不

能思議。此菩薩身業不可思議、語業不可思議、意業不可思議，三昧自在不可思議，智慧境界不可思議。唯除諸佛，及有得此神通菩薩，餘無能說此人功德，稱揚讚嘆。佛子！若菩薩摩訶薩住此神通，悉得一切三世無礙智神通。」（〈十通品〉）

　　據《大乘義章》云：「作用無壅，名之為通。」又「神通者，窮潛難測故名為神。」於修行的歷程中，因六根的作用不同，故有得證「通」的各種別名，大抵所言的通或神通皆指於某一作用能自在無礙且妙用難測。據澄觀大師《華嚴經疏》的「十通」依次是：「一他心、二天眼、三知過去劫宿住、四盡未來際劫、五無礙清淨天耳通、六無體性無動作往一切佛剎、七善分別一切言辭、八無數色身、九入一切法智、十入一切法滅盡三昧」，澄觀大師並將此「十通」總括為「六通」云：「天眼約見現未分成二四。天耳約音聲言辭分出五七。神足約業用及色身分成六八。漏盡約慧定分成九十。一三不分，故六為十。」以「十」而顯「圓」，是《華嚴經》的特色，十通的內容是為彰顯於修證歷程中，將隨發心之願行而自成階段的境界。《華嚴經》的主要立論是佛的境界，十通的成就，於成佛而言是終究圓滿可得證的。唯在修菩薩願行中，能具備神通，於指點與解決眾生問題時，於弘法利生上可謂一大助力。

　　於佛法中，有三無漏學：由戒生定，依定發慧，唯依修持三昧（定、禪定）是否即能具有神妙難測的神通？且所謂神通其真義又為何？據澄觀大師《華嚴經疏》對於「十定」與「十通」的用意所言是：「明業用廣大」，於「十忍」之義與前之定、通的關係，所論是：「前二已明通定用廣，今此辨其智慧深奧故，次來也。釋名者，忍謂忍解印可，即智慧觀照。宗趣者，智行深奧為宗，為得佛果無礙無盡為趣。然此忍行約位即等覺後心，為斷微細無明。」於修證的歷程中，定力與神通是以「定」為基

85

礎而「修智慧」，並依特殊的方法修持而得證神通，然神通之證得並非代表智慧的高下，唯神通自有其攝眾善巧的方便，故澄觀大師以定、通為「業用廣大」。然是否能修證成佛道，則微細無明煩惱的斷除是一大關鍵，而「忍」即是一種智慧的觀照，忍更是一種行為的展現。以是而知：佛法是以智慧為本，依定發慧，是以定為基礎，在心定之下才能有真實的智慧以為判斷；換言之，並非是著重於以修定而能具有神通，且最神妙的神通是人人本自具足，如：眼能看、耳能聽、血液能流動、身體具有恆溫等，這些都是難以言喻的不可思議。

 ## 忍是智慧觀照下安住於理的行為

「爾時，普賢菩薩告諸菩薩言：佛子！菩薩摩訶薩有十種忍，若得此忍，則得到於一切菩薩無礙忍地。一切佛法，無礙無盡。何者為十？所謂音聲忍、順忍、無生忍法、如幻忍、如焰忍、如夢忍、如響忍、如影忍、如化忍、如空忍，此十種忍，三世諸佛已說、今說、當說。」（〈十忍品〉）

〈十忍品〉主要在闡述由普賢菩薩所開演的十種忍，本品主要內容有：

一、音聲忍──菩薩摩訶薩聞諸佛所說之法，不驚不怖不畏，深信悟解，愛樂趣向，專心憶念，修習安住。

二、順忍──菩薩摩訶薩於諸法思維觀察，平等無違，隨順了知，令心清淨，正住修習，趣入成就。

三、無生法忍──菩薩摩訶薩不見有少法生，亦不見有少法滅，何以故？若無生則無滅、無盡、離垢、無差別、無處所、寂靜、離欲、無作、

無願、無住、無去無來。

四、如幻忍——菩薩摩訶薩知一切法皆悉如幻，從因緣生。然由幻故，示現種種差別之事。雖普觀法界而安住法性，寂然不動；雖達三世平等，而不違分別三世法。

五、如焰忍——菩薩摩訶薩知一切世間，同於陽焰，無有方所、非內非外、非有非無、非一色非種種色，亦非無色，但隨世間言說顯示。

六、如夢忍——菩薩摩訶薩知一切世間如夢，非世間非離世間、非欲界非色界、非生非沒、非染非淨，而有示現。

七、如響忍——菩薩摩訶薩聞佛說法，觀諸法性，修學成就，到於彼岸，知一切音聲，悉同於響，無來無去，如是示現。菩薩善能觀察一切眾生，以廣長舌相而為演說，其聲無礙，遍十方土令隨所宜聞。

八、如影忍——菩薩摩訶薩雖常行一切佛法，而能辦一切世間事，不隨世間流，亦不住法流。菩薩成就此忍，能普現一切佛剎，亦不離此，亦不到彼，如影普現，所行無礙。

九、如化忍——菩薩摩訶薩知一切世間，皆悉如化。知諸法性無來無去，雖無所有，而滿足佛法，了法如化，非有非無。菩薩安住如化忍時，悉能滿足一切諸佛菩提之道，利益眾生。

十、如空忍——菩薩摩訶薩了一切法界猶如虛空，以無相、無起、無二故。菩薩以如虛空方便，了一切法皆無所有。以如虛空忍智，了一切法時，得如虛空身語意業。一切法身，不生不歿，譬如虛空，不可破壞。

依澄觀大師對「忍」的釋義是：「忍解印可，即智照觀達」，顯然忍的初步是「解」，即對一件事的發生，當下所產生的觀照，而「印可」是於觀照下所採取的一種行為，故忍雖是一種展現於外在的行為，實則更是一種證悟真理且安住於理上的行為。於經論中有各種不同忍的條目，唯《華嚴經》向以十為圓的代表，由一而十，且在一即多、多即一的華嚴架

構下，十忍實已涵蓋一切行持菩薩道忍辱行的內容。

 ## 忍辱是意志堅強的表現

「通達此忍門，成就無礙智，超過一切眾，轉於無上輪。所修廣大行，其量不可得，調御師智海，乃能分別知。捨我而修行，入於深法性，心常住淨法，以是施群生。眾生及剎塵，尚可知其數，菩薩諸功德，無能度其限。菩薩能成就，如是十種忍，智慧及所行，眾生莫能測。」（〈十忍品〉）

中文造字，「忍」是心上一把刀刃。於常人而言，總是隨順自己喜、怒、哀、樂的習氣，凡與自己所願相同的，則表現高興歡喜的樣子；反之，若事與願違，則會有瞋恚的表現。從另一角度而言：當自己無法忍受逆境時，就會流露出瞋恚的習氣。簡言之，當不能忍辱之時，亦代表自己是無法吃苦的，凡一切與自己欲想相反時，不能在第一時間思維當如何面對、處理與解決時，而只是一味地隨著自己的情緒直接反應，則瞋恚的面容就很自然表現出來。以是，歷來不但以忍辱可以度瞋恚，更強調忍辱是相貌莊嚴的依據。想來：真能忍辱者，才是真正意志堅定的人。世俗有言：「人生不如意者，十之八九」；換言之，人生無法事事皆如己意，更無法要周遭一切的人、事、物樣樣皆配合自己的想法與作法，且「人外有人、天外有天」，或許家人可以對自己有多一些包容，然外人則未必願意如此。以是，當不能忍辱乃至願意配合他人之時，則不但自己的德業無法成就，即或是與他人的交往，乃至工作等，皆將一事無成。且一旦養成總是肆無忌憚地展現自己的習氣，將一切的喜、怒、哀、樂皆直接的表現出來，還自以為這是真性情的展現，實然，傷害自己於無形中而不自知。因

即或自己單獨面對自己時，若以舒壓為藉口，而或破口大罵，或有甚者則摔東西等，於表面上彷彿是並未傷害到他人，然周遭環境的一磚一瓦、一桌一椅、一筆一紙等，皆會直接受到影響，簡言之，一個人的一言一行，乃至一起心動念，皆將對所處的人、事、物產生互為牽動的關係。

所謂忍辱，並非是一種是非不分的消極默認；反之，忍辱是一種對事理有真確觀照者的表現，亦唯有意志堅強者，才能有真實的忍辱；亦唯有眼光深遠者，才能不自我放縱習氣。亦可言：能忍辱者其心中必有其另一翻的境地。在菩薩修行的六度中，忍辱是依次於布施、持戒之後；換言之，能忍辱亦是另一種布施與持戒的表現。因忍辱時則必以平和的相貌與他人相處，這就是一種布施；能忍辱則不隨順自己的瞋恚，自然就是持戒的保有。於《金剛經》中，有對忍辱仙人的敘述：仙人因能觀得無我相、人相、眾生相與壽者相，故能在常人難以忍受之下而成就其忍辱的德行；換言之，唯有真智慧者才能有無生法忍的表現。

時間無盡性的立志修行

「不可言說不可說，充滿一切不可說，不可言說諸劫中，說不可說不可盡。不可言說諸佛剎，皆悉碎末為微塵，一塵中剎不可說，如一一切皆如是。此不可說諸佛剎，一念碎塵不可說，念念所碎悉亦然，盡不可說劫恆爾。」（〈阿僧祇品〉）

〈阿僧祇品〉主要在闡述所謂「阿僧祇」的不可計數之喻，本品的主要內容有：一、心王菩薩請佛為說「阿僧祇」不可數、不可稱、不可思、不可量、不可說之義。二、佛以各種名數之累積為另一名數，而名數是層層翻轉不可計，總喻阿僧祇是無量無邊不可思、不可說之數。三、心王菩

薩於佛的譬說已，即以長偈為頌。

對於時間而言，世尊的色身住世八十年，此是有數有限的存在，但由世尊所留下的法義言說卻是流傳且發揚光大至今，此是法身無限的存在。《華嚴經》於有關時間上，是以不可計數、不可言說的重重無限的時間為旨趣。時間本是遷流變化的，此是不爭的事實，而一切事物亦皆在時間的遷流中而不斷地在變化著，世尊以觀事物的緣起現象（時間即是緣起現象之一），故提出「諸行無常」義，無常是對常的否定，於時間中實無有任何一事物可常恆不變的；換言之，以時間而看待一切事物，任何的事物皆是有限的存在。

唯僧肇大師有〈物不遷論〉，此論的目的，是為「佛的功業能萬世不朽」提出論說，僧肇以「物」、「不遷」為論，此乃抽離時間而看待事物，當事物一抽離時間，則事物可當住當下，此當住當下即可成永恆，僧肇的立論背景自有其用心與目的。但今依成佛而論，依重重法界而思，依生命生生不息而想，依無常即真理現象而慮，力主抽離時間雖可肯定事物的常恆性，但事物亦將呈現停滯面，或呈真空的狀態（僅止於形上的論說），如是則背離世尊開演法義的重現實性，世尊但以解苦為開法的重要目標。《華嚴經》站在現象法界的立場，以思過去、現在、未來的整體性，故所謂法界當是重重無盡的華藏莊嚴世界海，依時間而論亦必不可計數、不可窮盡之。

人的一生相比於宇宙，則可謂是短暫如電光石火般，且在一生的歷程中，通常需為生活而忙碌，又依於不同的文化、教育背景之下，一般的人皆是在前人的經驗引領之下而過日子，簡言之，人能有自我意識的真實存在著，實然罕有，即或有亦甚短暫。依世尊的開法，法界無盡無量，每一法界的時間感又亦各有不同；換言之，此生的短暫，僅是此法界如是而已。學人若能體證真理，瞭解宇宙法界與我同體無別，以是而知：此世、

此身的生死，僅是某一形質的暫時結束而已，心靈境界將與虛空合一，則時間確然就是不可窮盡。而所謂：「人身難得、真理難聞」，此正可凸顯於真理的聽聞、薰陶與證悟，將決定生命存在的高度、廣度與深度。

 ## 歷劫修行是為彰顯佛德深廣

「於不可說諸佛法，一一了知不可說，能於一時證菩提，或種種時而證入。毛端佛剎不可說，塵中佛剎不可說，如是佛剎皆往詣，見諸如來不可說。通達一實不可說，善入佛種不可說，諸佛國土不可說，悉能往詣成菩提。國土眾生及諸佛，體性差別不可說，如是三世無有邊，菩薩一切皆明見。」（〈阿僧祇品〉）

澄觀大師對〈阿僧祇品〉之釋云：「此品校量行德難思，又難思佛德菩薩盡窮。」「阿僧祇」為「無量數」之義，《華嚴經》所開顯的華藏莊嚴世界海，此世界海是重重無盡，是充滿變化中的變化，是一塵剎中尚有一塵剎。本品以心王菩薩為首，實是人法雙舉，除展現佛剎不可思量計數，亦寄顯菩薩願行重重無盡，故有關本品的宗趣，如澄觀大師《華嚴經疏》所言：「寄數顯德分齊為宗，令知普賢諸佛離數重重無盡為趣。」心王菩薩首問佛阿僧祇之義，唯阿僧祇已是不可言說、不可計量之數，而佛為開顯不可計量之數，以層層各種名數而為譬說，主要在展明塵剎無盡，每一塵剎有不可說劫，如是而重重無量無盡。佛以時間（劫）的無盡為論說，實為展顯佛德深廣，如澄觀大師所云：「一、將上諸劫讚一普賢之德不盡。二、況一塵中有多普賢，三、況遍法界塵皆有多矣！是知德無盡故。若不以稱性之心思之，心惑狂亂。」由一劫、一塵至遍法界，由一普賢至多普賢，然普賢究竟是一，還是多？若以一劫、一法界為數，則一劫

有一普賢，一法界有一普賢，然一一劫中尚有一劫，故普賢確有無量數，此皆為本尊（非分身），意謂皆如實的每一普賢所當行其願行，唯共在毘盧遮那法身之中，同在華藏莊嚴世界海裡，則一即多、多即一。唯以無量數的時間而明佛德深廣，而普賢所代表之義即是菩薩欲盡窮之佛德。另於〈壽量品〉之末有：「普賢及諸同行大菩薩等」，皆充滿於「勝蓮華世界賢勝佛剎」中，實亦在顯菩薩之願行無有窮盡。

　　近幾十年來，科學有甚多的新發現，尤其在量子力學方面。科學家提出主要的理論有：一、物質本不存在，凡一切存在皆是依起心動念而產生，此名為「波動理論」，依於不同的振動頻率而有不同的物質，簡言之，物質的存在只是一種暫時的現象而已。二、本無有時、空間的存在，換言之，時、空間亦是一種假象，以是而知：死亡只是一種幻覺而已。三、宇宙的一切存在與我皆本為一體，亦可言：當我生命的緣起之時，就是宇宙的誕生之始。依於以上的說明，可謂就是華嚴所論證的一即多、多即一之義，亦是華嚴開演的重重無盡的法界觀。在華嚴世界的境地裡，時間是重重無盡，以時間無盡是為論述佛德無盡。思維至此，若學人仍以現象世界為修學基礎，則絕難契入華嚴境地，因當觀得眼前的世界，生命是短暫的，一切的存在皆是剎那生滅變化著，時間是遷流不已的，空間是南轅北轍的，以是大多數的人皆將華嚴視為形上的一種想像。然若能如澄觀大師所言「以稱性之心思之」；換言之，唯有將自我的心思置於無量無盡的法界中，則眼前的一切境地，不論是順、是逆，皆將在盡心之中而釋懷且迎刃而解，若能有如是的心量修行，如是的生命境地將與眾不同，此亦可謂是華嚴暢論的本意。

無窮無盡層層翻轉的信願行證

「爾時，心王菩薩摩訶薩於眾會中，告諸菩薩言：佛子！此娑婆世界釋迦牟尼佛剎一劫，於極樂世界阿彌陀佛剎為一日一夜。極樂世界一劫，於袈裟幢世界金剛堅佛剎為一日一夜。袈裟幢世界一劫，於不退轉音聲輪世界，善勝光明蓮華開敷佛剎為一日一夜。……」（〈如來壽量品〉）

〈如來壽量品〉之論，主要在闡述諸世界之佛剎，各有不同的壽量。澄觀大師對〈如來壽量品〉之釋云：「玄鑒虛朗，出乎數域之表，豈有殊行萬狀修短之壽哉！然應物隨機，能無不形，而無不壽故。上品彰其實德，此品以辨隨機。雖積少至多，顯時無不遍。」對於華藏莊嚴世界海的重重無盡狀，誠如澄觀大師所云：「若不以稱性之心思之，心惑狂亂」；換言之，《華嚴經》所建構的法界觀，無法以現象界的實況而觀之、視之，是要以「心」思之：以一塵為一世界，一塵中尚有一塵；以一毛孔為一世界，一毛孔中尚有一毛孔，如是的見解，若以心思之，理應可解悟，故對於無盡的法界，要言其壽量實有困難，因心本為不可名狀，不可言說，而法界亦無法以名數而形容之。唯對於要應化眾生時，則有關法界的狀、時、地等，則宜有分說，故〈壽量品〉由娑婆世界為起點，所開顯的淨土有十：「極樂世界阿彌陀佛剎、袈裟幢世界金剛堅佛剎、不退轉音聲輪世界善勝光明蓮華開敷佛剎、離垢世界法幢佛剎、善燈世界師子佛剎、妙光明世界光明藏佛剎、難超過世界法光明蓮華開敷佛剎、莊嚴慧世界一切神通光明佛剎、鏡光明世界月智佛剎、勝蓮華世界賢勝佛剎。」此十淨土的關聯，一皆以前淨土的一劫，為後一淨土的一日一夜，如是輾轉不息「以劫為日」，乃至過「百萬阿僧祇世界，最後世界一劫」，依然如是，終至「勝蓮華世界賢勝佛剎」的一日一夜。

　　淨土為佛之所居，然一切淨土的殊妙無不由娑婆世界而修成，故淨土壽量的開顯，是由「娑婆世界釋迦牟尼佛剎一劫」為始，世尊為娑婆世界修證成佛的代表，以展顯娑婆世界雖染污，卻是修行的最佳場所。澄觀大師又云：「壽謂報命，量即分限。染淨土的報壽，隨機見之分限，以顯無盡之命、無限之量。」成佛是修證的目標，然所謂成佛是否有其終限？於〈如來壽量品〉中，世尊已於娑婆世界中成佛，然其所成的佛剎、一劫，於極樂世界阿彌陀佛剎僅是一日一夜；換言之，所謂「染淨土之報壽，隨機見之分限」是為不同淨土有不同之壽量，然因法界是重重無盡，故佛的淨土亦無有窮盡，於某一佛剎所成就的佛，於他淨土中尚有努力的機會，此正展顯所謂成佛實是無限生命、無限修證、無限成佛的無限歷程，而喜呈現無窮無盡是《華嚴經》的特點，於成佛之論上亦然如是。於淨土中充滿普賢等菩薩，其義亦如是，信、願、行、證終將是無窮無盡。

 ## 一念萬年的時間延展性

　　「……難超過世界一劫，於莊嚴慧世界一切神通光明佛剎為一日一夜。莊嚴慧世界一劫，於鏡光明世界月智佛剎為一日一夜。佛子！如是次第，乃至過百萬阿僧祇世界。最後世界一劫，於勝蓮華世界賢勝佛剎為一日一夜。普賢及諸同行大菩薩等充滿其中。」（〈如來壽量品〉）

　　對於生命的觀照，則生命的由生至死，謂之有限。亦可言：言生命的有限，實然就是在論述生命的死亡之義。生從何處來？死往何處去？是歷來難以解說詳盡且可驗證清楚的，以是，或有忌諱言死；或有以生之事尚無法窮盡，又何需探究未知的死呢？唯不論對生死所持的態度為何，人們在時間的遷流變化之中，在一切生命終將走向盡頭的這一樁事情上，似乎

早已司空見慣。因此，除非是至親好友，是在極為突發的狀況之下，所發生的死亡事件，可能帶來較為震撼之外；大抵，人們對生命的走向盡頭，大多能以釋懷的態度以面對之，甚至，面對高齡者離開，有以「喜喪」為之處理。

唯華嚴的論述，對時間的觀照是無窮無盡，此乃立於法界是無量無邊。換言之，此法界的一劫，於另一法界僅是一日一夜，如是輾轉終將無有窮盡，在此立論之下，故謂壽命無量。本品名為「如來壽量」，如來意指人人的本性，依此為論：則釋迦牟尼佛在此世間示現的一期生命是八十年，此乃是應於其所出生地當是時大多數人們的壽命為限。若是能以如來自性為言，則已然超越時、空間：既無時間性，則可豎窮三際；既無空間感，則可以橫遍十方。思維至此，可能於一般常人，是甚難可於現實世間為之應用。如：人若居處於南方，則無法同時出現於北方，同理；昨日的時光已過，則無法再回頭。對常人而言，人們在意的是眼前的存在，人們也多以能保握當下為最佳的作為。

顯然，華嚴的佛劫（時間無盡、窮一切時的壽命）之論，是必然對生命的觀照，無法僅以眼前可見的為之依據而已，也可以說：若要契入華嚴的境地，是需以能相信法界的無窮無盡，或可謂：本來面目絕然不是眼前自己的容貌，或亦可言：色身僅是一時的假我而已。當可以確信：遠劫可以等同於現前時，則所謂「一念萬年」，其義則在：無量無邊法界本為一體。當學人可以相信如是的論說時，則如何在現前當下過著華嚴境地的生活呢？或許可以學習：於生活上，可以多一分同理心，少一分對立計較。於生命上，善待一切的生命體，包括一花一草、一沙一石等，皆然如是。於生存上，多成全、多互助，多以共享、共有的態度面對之。想來：諸佛菩薩於法義的論述上，在理的建構上，絕然不僅是理論的論說而已，是要後人能真實契入，且在現實生活上能確然得利，此才是其演法的真實用意。

任何空間皆是好修行之地

「爾時，心王菩薩摩訶薩於眾會中，告諸菩薩言：佛子！東方有處名仙人山，從昔已來，諸菩薩眾於中止住，現有菩薩名金剛勝，與其眷屬諸菩薩眾三百人俱，常在其中而演說法。南方有處名勝峰山……」（〈諸菩薩住處品〉）

於〈如來壽量品〉中舉出十佛的十世界，至最後世界的一劫，為勝蓮華世界賢勝佛剎的一日一夜，此世界即為普賢及諸同行菩薩的住處，可知〈如來壽量品〉是以展顯無量世界具有無限時間為旨趣，此為依時間而論。至於依空間而論述，則有〈諸菩薩住處品〉，其內容在闡述各名山、眾城，各有諸菩薩於中止住修行與演說法。

本品的主要內容是：心王菩薩告諸菩薩，於東、南、西、北、東北、東南、西南、西北方，各有名山，且從昔已來有菩薩眾於中止住，現今亦有菩薩與其眷屬常在其中而演說法。於各名城住處亦是如此。華藏莊嚴世界海是重重無盡的，依時間而論是無限性，時間既無限，則依時間而輾轉的空間，亦將無有窮盡。於百萬阿僧祇世界中，普賢菩薩遍諸如毛端的法界，此是總體而論說。本品則分別而論，今條例如下：

方位：東方、南方、西方、北方等。

地名：仙人山、勝峰山、金剛焰山、香積山等。

主持者：金剛勝菩薩、法慧菩薩、精進無畏行菩薩、香象菩薩等。

護持者：主持者的眷屬與諸菩薩眾。

護持人數：或三百人、五百人、一千人、三千人至一萬人等。

度眾方法：主持菩薩與諸菩薩眾，常在其中而演說法。

傳承的時間：從昔已來諸菩薩眾於中（各名山、城窟）止住，現有菩

薩……。

　　依〈諸菩薩住處品〉所論，無量空間皆有諸菩薩眾在精進修行，且由昔至今皆然如是。此於現實的世界裡，可以解讀為：在任何的空間，乃至任何的處所，皆是修行的好地方，亦可言，所謂修行並非決定於處所的殊勝與否，重要的是在於修行者的本身；換言之，即或是莊嚴殊勝的道場，若沒有真正的修行者於其中住持與護持，則如是的道場亦終將無法真正具有承傳正法的作用。如言：「山不在高，有仙則名；水不在深，有龍則靈。」顯然，是「人能弘道，非道弘人」，亦可言：唯有真正有道有德的修行者，才能將正法永續傳承，因唯有真正有道有德者，自能感召有道有德的後人為之傳承，此即如常言：「有百世之德者，必有百世之子孫以為保之」，簡言之，若想自家的家業能傳承幾代，則自己必須累積幾代之德。以是，歷來各宗學派的傳承，最在意的就是對傳承者的選拔。如禪宗五祖弘忍大師，將法脈傳承予六祖惠能大師，其中的關鍵在於惠能大師的明心見性，並非是其擁有豐富的學識與口才。

 ## 昔與今是為一體的觀照與精進

　　「大海之中，復有住處名莊嚴窟，從昔已來，諸菩薩眾於中止住。毘舍離南，有一住處，名善住根，從昔已來，諸菩薩眾於中止住。摩度羅城，有一住處，名滿足窟，從昔已來，諸菩薩眾於中止住。……」（〈諸菩薩住處品〉）

　　有關〈諸菩薩住處品〉的論述，除前之引文「從昔已來，諸菩薩眾於中止住，現有菩薩常在其中而演說法」，此中的重點在有昔與今的傳承，如是的論說約佔全文的一半。另一部分則如引文：「大海之中，復有

住處」，各有不同的「窟」、「城」、「國」，唯此處僅強調「從昔已來，諸菩薩眾，於中止住」，其後並不特言「現有菩薩……常在其中」等之句。然依理而究，言「昔」即可推至「現」與「未」，或如澄觀大師所言：「此文之終都無結束，或是經來不盡。閻浮既爾，餘方餘界，異類界等，可以傚之。法界身雲，則無在不在矣！」依法界無盡總體論說一一皆有菩薩為住，則「菩薩遍一切處」之義可明，唯當如〈諸菩薩住處品〉一一列明方所與住持者，實為使眾生心有方所的歸向，設想當眾生聽聞：「在某方有某山有某菩薩」的說法，相較於「一一法界皆有菩薩止住」之說，前者是較能令人心生嚮往的意向，故本品從首至尾只言明此一事，並未有其他論說，此正是本品的特點。言菩薩住處方所，是為應眾生之機而為言，若依法界重重無盡義，空間實是無方的，故有菩薩的住處僅言「昔」，而不言「現」的部分，實可明證「法界身雲，則無在不在」之說，此是華嚴莊嚴世界海住處特有的趣向，此亦說明於不限空間中，皆有菩薩為之止住修行而證悟成佛的可能，故菩薩的聖地亦可謂是佛的聖地。

　　法界本是無量無邊，以是而知：實然無法一一列明在某處某方有某菩薩在住持演說，如是之意是為彰明無處不可修行，任何之地皆有菩薩為之住持。若言有昔與現，則可說明正法傳承的永續。唯今僅言昔，並未論及現與未，或可如是的解讀：昔代表遠劫之事，遠劫與近迹是一非二；換言之，遠就是近，論昔是為彰顯現，於開演「從昔已來」之事，是為說明於今時亦然如是。學人思維至此，則只要依昔之菩薩的精進修行，則遠劫與今時的呈現必然相應相合。《華嚴經》以極大篇幅皆在闡述無量無邊的法界皆然一體，如是的法義實為說明：果地（清淨、平等、圓滿）境界的修行，就在眼前所處的人事因緣中得以完成。學人若能於眼前一切順、逆的境緣裡，皆能自在面對、處理與放下，常保內心的淨念，此即如言：「境緣無好醜，好醜在於今」；換言之，並非是外緣的關係，主要在於心，此

即如云：「一切唯心造」，若能有此修證，或可謂能於華嚴境地裡淺嘗其中之一二吧！

伍、

《華嚴經》深入法界的目的

清淨心念可遍及一切法界

「爾時，大會中，有諸菩薩作是念。諸佛國土，云何不思議？諸佛本願，云何不思議？諸佛種性，云何不思議？諸佛出現，云何不思議？諸佛身，云何不思議？諸佛音聲，云何不思議？諸佛智慧，云何不思議？諸佛自在，云何不思議？諸佛無礙，云何不思議？諸佛解脫，云何不思議？」（〈佛不思議法品〉）

佛的成就是不可思議，故佛德亦是不可思議，且依佛所呈顯的一切，亦將是不可思議。〈佛不思議法品〉主要在闡述何以諸佛國土、本願、種性、出現、音聲、智慧、自在等皆不可思議的緣由。本品的主要內容有：一、世尊以神力加持青蓮華藏菩薩，令其住佛無畏，入佛法界，獲佛威德神通自在，則能知見一切佛法。二、承佛神力之下，世尊告蓮華藏菩薩，諸佛之所以能具有種種的不可思議境，實因諸佛具有種種法，如：無量住：常住、大悲住、種種身作諸佛事住等。十種住：一切諸佛有無邊際身，色相清淨，普入諸趣而無染著等。十種念：一切諸佛於一念中，悉能示現無量世界菩薩受生等。十種不失時：一切諸佛，成等正覺不失時等。十種無比不思議境界：一切諸佛，在一跏趺坐，遍滿十方無量世界等。十種智：一切諸佛，知一切法無所趣向，而能出生迴向願智等。十種普入法：一切諸佛，皆悉具足平等大悲，恆不捨離一切眾生等。十種難信受廣大法：一切諸佛，悉能摧滅一切諸魔等。尚有：十種大功能、十種究竟清淨、十種佛事、十種無盡智海法、十種常法、十種演說無量諸佛法門、十種為眾生作佛事、十種最勝法、十種無障礙住、十種最勝無上莊嚴、十種自在法等。

為彰顯佛德非言慮所能思之，故以不思議法而讚佛所具有的種種神

力。依澄觀大師所釋：「如來果法，迥超言慮，故以為名，斯即佛之不思議法也。宗趣者，總明說佛果德體用，心言罔及為宗，令總忘言絕想速滿為趣。」《華嚴經》之異於其他經典，最主要在於顯佛果、彰佛德，以佛果而言，當是超於言慮；以佛德而論，則是靈妙而不可思議。《華嚴經》以佛的正覺境界所流露的智慧光明，而遍照於一切事事法界中，在不同的法門攝受下，憑藉佛的精神力量而傳播教化至一切有緣眾生身上，故本是不同的法界眾生，在佛光、佛智、佛德的感召下，皆可同入於佛的智德光明裡，而成一和諧體，以是，佛果、佛德雖不可思議，但「速滿」（於佛的德光下，事事法界皆可快速而圓融無礙）則是《華嚴經》的趣向。

學人若能對此「不可思議法」有所證悟，則將會發現：實然人人皆是一個發光台，若能於個人修行上自淨心念，則首先受益的就是自身，再及之於周遭環境，以是而逐漸擴至一切處所、一切萬物，想來誠然如此。

 ## 正向心念的不可思議

「佛子！諸佛世尊有十種無礙解脫。何等為十？所謂一切諸佛能於一塵現不可說不可說諸佛出興於世。一切諸佛能於一塵現不可說不可說諸佛轉淨法輪。一切諸佛能於一塵現不可說不可說眾生受化調伏。一切諸佛能於一塵現不可說不可說諸佛國土。一切諸佛能於一塵現不可說不可說菩薩授記。一切諸佛能於一塵現去來今一切諸佛。一切諸佛能於一塵現去來今諸世界種。一切諸佛能於一塵現去來今一切神通。一切諸佛能於一塵現去來今一切眾生。一切諸佛能於一塵現去來今一切佛事。是為十。」（〈佛不思議法品〉）

處於現實的世間，人們大多數的生活重心，首先大抵是尋求衣食的滿

足，也就是現今所謂的經濟問題，於是若能具有主導經濟權力的國家，則將受全世界的注目。當所謂經濟強國崛起時，各國只在意若能與之建立經濟關係，則將為己國帶來多大的經濟效益，並期望藉由商業往來以提昇國力，簡言之，人們最在意的就是經濟的成長數據。觀之現今的全世界，以經濟成長為評比標準已成為一種趨勢，且於各種媒體的焦點上，凡能促進兩國之間的經濟互往，也總是最受鎂光燈的注視。唯可以細思的是：觀諸人類的發展歷史，凡能傳承數千年且屹立至今的國家，其影響百姓最核心的關鍵，實然並非是以經濟為第一，此於儒家有「民無信不立、足食、足兵」的順序；換言之，唯有誠信才是立國的根本。所謂誠信，就是一種價值的自覺，其是道德、倫理的呈現，如是的人格養成，並非是經濟、政治所可以臻至。儒學對於現實人生各種面向的關懷，可謂有甚為完備的用心與論述，於是在有關修身、齊家、治國、平天下之道上，已足堪學之與效之。

　　唯隨著人類文明的進展，科學的報告已日新又新，相信有不同維次空間的存在，相信有無量的銀河系等。凡如是的報告，皆可明證華嚴所論述的無量法界，實然並非只是一種虛構而已，唯對於華嚴「一切諸佛能於一塵現不可說不可說諸佛出興於世」等論述，又要如何在現實生活上運用呢？學人或許可以如是的思維：「一塵就是一法界」此即是不同的維次空間感，簡言之，於日常生活上，凡一切的人、事、物，即或是甚為微小的小昆蟲，乃至所使用的任何用品，皆要以尊重之心待之，例如：一枝筆就是一法界，且其是由甚多的物質所組成，凡其中任何微小的成分皆又各為一法界，如是想來，確然就是重重無盡的法界，且一一法界又皆與我互為一體，以是，若能謹慎善待周遭所有的一切，就是對一切法界的尊重，於一枝筆是如此，其他的一切皆然如是。觀之諸佛、菩薩所為何事？就是利益於一切，以是而知：所謂的佛不思議法，並非是神秘而無法理解，實然

就是以清淨平等以待一切，此即是華嚴的生活。

 圓滿的相好來自於因地修行

「爾時，普賢菩薩摩訶薩，告諸菩薩言：佛子！今當為汝演說如來所有相海。佛子！如來頂上有三十二寶莊嚴大人相。其中有大人相，名光照一切方普放無量大光明網，一切妙寶以為莊嚴，寶髮周徧，柔軟密緻，一一咸放摩尼寶光，充滿一切無邊世界，悉現佛身，色相圓滿，是為一。」（〈如來十身相海品〉）

〈如來十身相海品〉主要在闡述如來的身相共有九十七種的莊嚴大人相，本品的主要內容有：一、普賢菩薩為諸菩薩演說如來所有相海。二、如來頂上，有三十二寶莊嚴大人相。如：光照一切方普放無量大光明網、佛眼光明雲、充滿法界雲……普照一切法界莊嚴雲，是為三十二種大人相。三、如來眉間有大人相，名遍法界光明雲。依次是如來眼、鼻、舌、口、牙齒、唇、頸、肩、胸臆、身、手、手指、手掌、陰藏、臀、髀、足、足指、足跟、足趺、足四周、足指端……是為九十七種大人相。四、總言：毘盧遮那如來有如是等十華藏世界海微塵數大人相，一一身分，眾寶妙相以為莊嚴。

依佛身而言，本指世尊的肉身，然隨世尊的入滅後，弟子為思慕世尊以致有繪圖塑像之事，此為「佛身觀」（逐漸由人格的完美而神化至具有超越常人的能力）之源。部派佛教大抵以生身與法身之二身為主要論說，此中的法身是為說明成就佛的殊妙處，絕非依肉眼可見之，唯此法身才是無漏，是有別於有漏的生身。至大乘佛教興起後，則分為法身、報身與化身的三身說。依《華嚴經》的立場，佛身是充滿一切世間，所謂釋迦牟尼

佛、盧舍那佛、毘盧遮那佛皆是佛的不同名稱，即或是有不同名稱，但於法界無盡緣起的大陀羅尼網中，一一佛身皆可周遍法界且圓融無礙，在總體圓融為一即一切、一切即一之下，則佛身所展現的相，亦必莊嚴殊妙。

據澄觀大師對「如來十身相海」之釋云：「如來十身，標人顯德。言相海者，依人顯相。如來十身，福報奇狀，炳著名相，相德深廣，故稱為海。故文云：有十蓮華藏微塵數相，相體廣矣！一一用遍，相用廣矣！一一難思，互相融入，體用深矣！若此之相，唯屬圓教。」《華嚴經》所言之佛身，並非三十二相或八萬四千相，而是無量相，總言曰「十身相海」，此義在顯佛的境界、佛的德行，在一一之相體與相用皆可互融互入之下，故佛身之成、佛德之行亦皆圓滿無盡。〈如來十身相海品〉是以普賢菩薩為主，展顯菩薩修無盡圓滿之行，終有得成如來十身相海的圓滿佛身。

佛門有言：「因中修百福，果上成一相」，此義主要在：任何外相的呈現，皆是其來有自，於個人是別業，於全體則是共業。佛是智慧、德能、相好圓滿的象徵，以是而知：佛身所呈現相好莊嚴圓滿之相，其主要目的是為引發眾生能興起欲趣向修證之路，並以成佛為堅定的意志。

 ## 不同於世俗的外相追求

「……如來左足指端有大人相，名現一切佛神變雲，不思議佛光明月焰普香摩尼寶焰輪以為莊嚴，放眾寶色清淨光明，充滿一切諸世界海，於中示現一切諸佛及諸菩薩，演說一切諸佛法海，是為九十七。佛子！毘盧遮那如來，有如是等十華藏世界海微塵數大人相，一一身分，眾寶妙相，以為莊嚴。」（〈如來十身相海品〉）

不論是以三十二相、八十種好，乃至如本品的九十七相，或更有以三千威儀、八萬四千細行等，如是皆為說明佛的相好莊嚴，是無法以言語為之論述詳盡。唯如本品特為一一列數某一相好的狀況，實然可為學人提供檢視自己的模本，如：眼的相好莊嚴來自於凝觀佛像並起效仿之心，音聲的美妙則來自於能讚佛功德，如是等等，皆可謂是自省時的一面鏡子。即知相好莊嚴是來自於修行，亦可言：相是可以改變的，只要用心於修行且能持之以恆，一旦心念、言語與行為改變時，則自身的外相以及所呈現的氣質與磁場等，亦將隨之而有所不同，此即世俗所謂的：「相隨心轉」；換言之，一切外境皆決定於人的心念，學人當用心於心念未啟動前的清淨平等心的觀照，此即謂之真用心、真精進。有關對於心念影響外境的研究，於現今的科學是可為之證明，其中最有名的就是《水知道答案》，水分子將隨著人們對其言善或言惡而有絕大的差異，如是的實驗其最後的結論就是：「境隨心轉」。顯然，不論是世尊的相好莊嚴或者是科學的研究證明，其關鍵皆在：若能改變心念，就能改變一切的外境。

唯今時的人們，亦甚為重視外貌，於世俗中，人們大多喜歡俊男美女，於常人而言，俊美的容貌容易吸引他人的目光，可以在短時間內即聚得廣大的人氣。於是，在商品的行銷上，大多以具有美貌乃至高人氣者為商品代言，於商業利益而言，代言者可以獲得令人欣羨的鈔票，而商品在高人氣者的代言之下，亦為廠商帶來極高的利益，此真可謂是各蒙其利的行為。唯正因如是的風氣正在社會上蔓延著，於是現今最流行的就是醫學美容的整形，當風氣盛而不消，當時日漸久後，以是人們發現到：往往一場選美大會的佳麗們，各個的長相皆有雷同之處，至此，人們又再回頭去追尋那純真的自然美。

實然，佛菩薩的相好莊嚴，是為度眾的方便，以是，學人若是具有自然的相好時，亦不需自豪或感到驕傲，同理，若相貌不佳的，更勿要沮喪，

亦不需用心於外相的整變上，因一切的外貌終將在時空間的遷流中而變化不已，理應要能時常觀照：「凡所有相，皆是虛妄」之真義，只要能將心思用於自己的心念起伏上，當善念多時，乃至是淨念相繼的維持，如是，才能一步步契入佛菩薩的境地，實然絕非是關心於一時的外相呈現而已。

 ## 正念光明可令法界離苦得樂

「爾時，世尊告寶手菩薩言：佛子！如來應正等覺，有隨好明圓滿王，此隨好中出大光明，名為熾盛，七百萬阿僧祇光明而為眷屬。佛子！我為菩薩時，於兜率天宮放大光明，名光幢王，照十佛剎微塵數世界，彼世界中地獄眾生，遇斯光者，眾苦休息，得十種清淨眼。耳鼻舌身意，亦復如是，咸生歡喜，踴躍稱慶。」（〈如來隨好光明功德品〉）

佛身是為顯佛的相好殊妙，唯此皆在嚴飾佛之身，佛身的莊嚴，遍及全身，如眼耳、足等，由相以顯德，《華嚴經》於言佛的「十身相海」後，有〈如來隨好光明功德品〉，本品在闡述佛的光明功德，將使眾生離苦得樂，其主要的內容有：一、世尊自述於往昔為菩薩時，於兜率天宮放大光明，照十佛剎微塵數世界，地獄眾生，遇斯光者，眾苦休息，獲得清淨，咸生歡喜，且從彼命終，亦生兜率天。二、世尊再述，為菩薩時，足下有千幅輪，名光明普照王，常放光明，令極苦眾生，遇斯光者，皆悉命終，生兜率天。三、世尊為兜率天子言：毘盧遮那菩薩因威德力故，放大光明，而此光明，非十方來，但以三昧善根力故，般若波羅蜜威德力故。而昔在地獄的眾生，亦非十方來，但由於顛倒惡業，愚癡纏縛生地獄身，此無根本，無有來處。四、毘盧遮那菩薩，於一隨好（如：右手掌）中，放一光明，出現無量自在神力，為微塵數眾生，隨其所樂而演說法，令大

歡喜，然我（毘盧遮那菩薩）不生疲厭、不生退怯、不生驕慢、不生放逸。五、昔在地獄眾生，蒙光照身，捨彼（地獄）坐此（兜率天），皆宜疾迴向，增長善根。

據澄觀大師對於如來「隨好功德」次於「十身相海」之釋云：「好依相有，德劣於相，故次明之。如來標人表德。隨好等，顯德依人；隨好是體，隨逐大相，益姿好故。光明者用，功德者德。謂從好發光，光能益物，顯好之德，故以為名。」佛的身相是佛果之成所展現的殊妙莊嚴，然成佛的目的與意義，唯在濟世救人上，故由佛身而顯之佛德，其重點是為使眾生能離苦得樂。世尊首開的「隨好」是「光明」，此是《華嚴經》所呈現的重要特點，經由世尊身相所展現的光明，是遍及無量無邊的法界，即以毘盧遮那佛為代表的法身佛，由佛的光明所遍及之處，一切眾生、天子以及菩薩，在此一金色世界中，皆得到佛的威德照耀。各法界本有層次的差別，但在最高的會融精神感召之下，由一而十，由十而百千萬，法界的一切眾生，皆可蒙佛光而開智慧，皆有捨凡塵而生佛境之期，此是佛的智慧光明功德所致。然依《華嚴經》之義，眾生之所以落入地獄身，是由於顛倒惡業，愚癡纏縛，故於地獄而言，實無根本，無有來處，在華嚴的精神世界中，橫超九劫，直登佛地是可待的，其因在華嚴法界的結構中，彼此是一互融互攝的和諧體。

 ## 觀照一切業報皆是虛妄不可得

「諸天子！如我天鼓，說業、說報、說行、說戒、說喜、說安、說諸三昧。諸佛菩薩，亦復如是。說我、說我所、說眾生、說貪恚癡種種諸業，而實無我、無有我所。諸所作業，六趣果報，十方推求，悉不可得。諸天子！譬如我聲，不生不滅。造惡諸天，不聞餘聲，唯聞以地獄

覺悟之聲。一切諸業，亦復如是，非生非滅，隨有修集，則受其報。」
（〈如來隨好光明功德品〉）

　　立於父母未生之前的本來面目思維，想想：在自己尚未出生之前，自己到底在哪裡？一旦出生後，則首先跟隨的就是自己的身體，有此身體則有一切的見聞覺知，隨著見聞覺知的能力越強，則所喜、所怒亦隨之而來，且隨著年歲的增長，我執、我見、我固亦更見堅強，以是老子有言：「吾有大患，唯吾有身」，因於身體的見聞覺知，將帶來對於色、聲、香、味、觸、法的凝滯與溺陷。隨著有此身體之後，緊接著而來的就是有自己的父母、有自己的兄弟姊妹、有親戚朋友；於入學後，又有自己的學校、師長與同學；一旦進入職場工作，又有自己的公司、老闆與同事，且隨著所接受的各種教育，我們更認知到自己的國家歷史、地理位置等，凡此種種的一切，皆將隨著所緣遇人事環境的面向，自己亦在看似自然的狀況之下，則各種小圈圈亦逐漸的形成於心。至此之時，當自己所圍固的小圈圈越多時，則自己本是單純、樸實的真心亦漸行漸遠而毫不自知。

　　當純真本性漸漸受到染污時，則一切的錯過罪亦隨之而造作，以是遭受苦果業報，此即是輪迴的根本所在。若無法返歸真性，亦或是不知要回復本來面目，則輪迴終將無有停息之時，此即是六道眾生的一生又一生，一劫又一劫。唯至得遇佳期、得遇聖言量時，得知有一本我面目，且又能發心想返歸純真的自己，得見自己的本來面目時，至此，則人生將有不同的趣向，誠可謂幸矣！唯於返歸之道上，首先應對眼前所存在的一切有真實體悟，即或無法由自身親證以知，但可依隨著聖言量的指引，終將會有所領悟與體證。學人或可以如是的觀照：於本來面目而言，則凡一切的受苦果業報，終究是虛妄的一場，言其虛妄，並非是否定其存在，而是因其變化生滅極為快速，可謂只是一種暫時的現象而已；且依於本來面目而

言，此業因果報本就是無所有、不可得，不但是一切外在的人事環境是如此，即或是自己最珍惜的身體，亦是無所有、不可得。簡言之，眼前所呈現的一切，就是依於自己的造作而暫時產生的一種現象，唯有停止再一切的造作，才能超脫輪迴，至此，則真我本來面目即當下現前。若能於真理已有所領悟，再來就是如何於生活中實證做到：顯然眼前最困難突破，就是如何在一切境緣的當下，於順境能不貪戀、於逆境能不瞋恚，學人若能實證做到如是的境地，此或可謂於華嚴的正覺生活可淺嚐一二。

忍辱可遠離瞋恚的百萬障門

「爾時普賢菩薩摩訶薩，復告諸菩薩大眾言：諸佛世尊，為諸眾生，無智作惡，計我我所，執著於身，顛倒疑惑，邪見分別，與諸結縛，恆共相隨，隨生死流，遠如來道，故出興於世。佛子！我不見一法為大過失，如諸菩薩，於他菩薩起瞋心者，何以故？佛子！若諸菩薩於餘菩薩起瞋恚心，即成就百萬障門故，何等為百萬障？所謂不見菩提障、不聞正法障、生不淨世界障、生諸惡趣障、生諸難處障……」（〈普賢行品〉）

〈普賢行品〉主要在闡述普賢菩薩為諸菩薩演說修行法門，可遠離百萬障門，本品主要內容有：一、為欲疾滿諸菩薩行，應勤修十種法：心不棄捨一切眾生，於諸菩薩生如來想，永不誹謗一切佛法等。二、安住上之十法已，則能具足十種清淨：通達甚深法清淨，親近善知識清淨，護持諸佛法清淨等。三、安住上之十清淨法已，則能具足十種廣大智：知一切眾生心行智，知一切眾生業報智，知一切佛法智等。四、安住上之十智已，則得入十種普入：一切世界入一毛道，一毛道入一切世界，一切眾生身入

一身等。五、能觀察上之十種普入，則住十種勝妙心：住一切世界語言非語言勝妙心，住一切眾生想念無所依止勝妙心等。六、住上之十種勝妙心已，則得十種佛法善巧智：了達甚深佛法善巧智，出生廣大佛法善巧智，宣說種種佛法善巧智等。七、諸菩薩聞上之法已，皆發心恭敬受持，少作功力，疾得阿耨多羅三藐三菩提，皆得具足一切佛法。八、普賢菩薩欲開示菩薩行，欲宣說如來菩提界，且欲為一切眾生現行說法令其開悟，再以長偈讚頌。

修證成佛的歷程，首重願心之發，此為成佛的根苗，而三昧的修持可堅固願心，不令退轉。然於修證中，其歷程的考驗將因個人的業識而有不同的阻礙，故除障之於修證，則恍若除草之於秧田，唯待障門除，才能真正安住於法上，如是才有可能具足一切佛法，得證無上正等正覺。由普賢菩薩所宣說的百萬障門，實皆因瞋恚心而開啟，以證悟的歷程而言，除正向法的開導外，如何遠離世俗的顛倒妄見更是一重要課題。

所謂：「一念瞋心起，百萬障門開」，此雖是總結於一「瞋」字，然細思之，瞋的產生，其根本之因則來自於與自己所願、所望、所想背反，以致發起瞋心，顯然，瞋就是當欲求不能滿足時，所產生的一種情緒反應，而欲求不滿就是貪，瞋心的反應就是癡，此貪瞋癡三毒，實然就是一而三，三而一。於另一角度而言，瞋就是無法吃苦，對於眼前的人事環境，不能安忍，不能心寧，顯然，瞋心一起的當下，於己心已然顛倒，其後的造作，終將帶來苦果。以是，世俗常勸人勿於盛怒之下有任何的決定與造作，唯觀世俗的許多遺憾，通常是在盛怒之下而鑄下大錯，以是，菩薩六度之中特有忍辱的修行，亦可言：不能忍辱則難以入於聖道。

普賢菩薩的十大願行

「以如是方便，修諸最勝行，從佛法化生，得名為普賢。眾生皆妄起，善惡諸趣想，由是或生天，或復墮地獄。菩薩觀世間，妄想業所起，妄想無邊故，世間亦無量。一切諸國土，想網之所現，幻網方便故，一念悉能入。眼耳鼻舌身，意根亦如是，世間想別異，平等皆能入。一一眼境界，無量眼皆入，種種性差別，無量不可說。所見無差別，亦復無雜亂，各隨於自業，受用其果報。普賢力無量，悉知彼一切，一切眼境界，大智悉能入。如是諸世間，悉能分別知，而修一切行，亦復無退轉。」（〈普賢行品〉）

於《華嚴經》中，是以毘盧遮那佛為圓滿法身佛，凡一切法界皆是依於毘盧遮那佛的威德光明照耀，而互為相融相攝同為一體。除此，另以普賢菩薩表大行，以文殊菩薩表大智，此即所謂的「華嚴三聖」。於中又以普賢為如來的長子，如四十《華嚴經》：「一切如來有長子，彼名號曰普賢尊，我今迴向諸善根，願諸智行悉同彼。」顯然，於智慧的解悟之後，尚須仰賴行證以達解行合一，且行證若能增進一分，則解亦必然再更為精微，以致，歷來諸佛菩薩無不皆以精進修行為一生的職志。

另如四十《華嚴經》（又名：《入不思議解脫境界普賢行願品》），有普賢十大願行：「一者禮敬諸佛。二者稱讚如來。三者廣修供養。四者懺悔業障。五者隨喜功德。六者請轉法輪。七者請佛住世。八者常隨佛學。九者恆順眾生。十者普皆迴向。」此普賢十大願行，可謂就是予學人修學的方向目標，此中，由禮敬為修行之首，凡對一切人、事、物皆當以恭敬心相待，實因欲入佛聖之道，則唯有發自內心的真誠才能與之相應，而真誠恭敬就是開顯性德的第一步。於具有入門之行後，則要精進於正向

的提昇，此即是：稱讚如來與廣修供養，於修學過程中的多讚嘆與廣結善緣，可令自己捨離我執與貪欲，乃至學習菩薩能無所不布施的心懷。又因於累劫以來的種種造作，則懺悔業障可令自己更為低心且遠離傲慢，並更能謹慎於自己細微的起心動念。且因個人的能力有限，無法面面俱到，但若能隨喜他人所作的種種功德，則自己即或不能有實質的幫助，但心念終將與之同在。於修學上能令自己不退轉，此中最關鍵的就是對於法義的解悟，故請轉法輪、請佛住世與常隨佛學，都是修學者所應抱持的積極心態。修學目的是為成就自己，以致成就眾生，而恆順眾生可謂是與眾生相處的一門智慧之學，能依於眾生的不同習氣，能依其勢而引導，此中所需具備的善巧方便，對於修學實有助益。最後的普皆迴向，是對一切的修學結果，皆不是為自己，而是為廣大的眾生，以是，將無始劫以來的修學功德，一皆迴向予所有眾生，包含情與無情，皆共成佛道。此十大願行的修學，是生生世世、是時時處處皆然如是，唯「虛空有盡，我願無窮」，此是修學的最終之境。

人人本具如來智故當成佛

「爾時，世尊從眉間白毫相中，放大光明，名如來出現。無量百千億那由他阿僧祇光明，以為眷屬。其光普照十方盡虛空法界一切世界，右繞十匝，顯現如來，無量自在，覺悟無數諸菩薩眾，震動一切十方世界，除滅一切諸惡道苦，映蔽一切諸魔宮殿，顯示一切諸佛如來，坐菩提座，成等正覺，及以一切道場眾會。」（〈如來出現品〉）

〈如來出現品〉主要在闡述如來性起的種種瑞相與所成就的一切圓滿功德等。本品主要內容有：一、世尊從眉間白毫相中，放大光明，名「如

來出現」的瑞相，是為示現如來應正等覺，出現之法、身相、言音、心意、境界、所行之行、成道、轉法輪，乃至示現般涅槃、見聞親近，所生善根，如是等事。二、普賢菩薩告如來性起妙德等諸菩薩有關如來出現的種種相，依次如下：1.十出現之相：興布大雲、雨大法雨、起大智風輪。2.十如來身相：應於無量處見如來身。如來身以智光明，普遍照明一切。如來無有分別，亦不分身，無種種身，而隨一切眾生心樂，示現其身。3.十如來音聲相：如來音聲，但隨眾生欲解緣出，其性究竟，無言無示，不可宣說。4.十如來心相：如來為一切世間出世間智所依，而如來智無所依。如來恆出世間出世間種種智慧，而如來智無增減。5.如來境界：如來境界知一切三世境界、一切剎境界、一切法境界、一切眾生境界。6.如來行：無礙行、真如行是如來行。不生不動不起是如來行。7.如來成正覺：如來成正覺，於一切義無所觀察，於法平等無所疑惑，無二無相、無行無止，無量無際，遠離二邊，住於中道。8.如來轉法輪：如來以心自在力，無起無轉而轉法輪。如來知一切法恆無起故，以三種轉，斷所應斷而轉法輪。9.如來般涅槃：如來為令眾生，生欣樂故，出現於世。欲令眾生，生戀慕故，示現涅槃。而實如來無有出世，亦無涅槃。如來常住清淨法界，隨眾生心，示現涅槃。10.於如來所見聞親近：菩薩於如來所見聞親近所種善根，皆悉不虛，出生無盡無覺慧故，離於一切障難故，決定至究竟故。三、以佛之神力，如是示現，令諸菩薩皆大歡喜，周遍十方一切世界，悉亦共同護持，歌詠讚嘆。四、普賢菩薩承佛神力，欲重明如來出現，廣大威德，一切如來，一身無異，從本大行之所生起，而說偈頌。

　　如來的出現，其所示現的種種瑞相與境界，實非語言文字及一切的概念可盡述之，其身、音聲、心等，一皆以十為代表圓滿之義。依如來性起的相狀而言，本超越一切的時、空間，於佛而言，一切的出現皆是佛本身如如不變的自體，此不變的自體本是無所造作，亦無所變現，皆隨眾生心

而示現遍一切處之相。以如來的清淨自體而言,本無所謂的出世與涅槃,而如來的出現,只為隨眾生心而然,於隨順之中,其目的但為引眾生入佛的知見,同證佛果。故於如來的出現而言,實是一種善權方便而已,絕不可執有如來的出世與涅槃。

 ## 依自性而起以觀一切的人事物

「一切如來諸所作,世間譬喻無能及,為令眾生得悟解,非喻為喻而顯示。如是微密甚深法,百千萬劫難可聞,精進智慧調伏者,乃得聞此秘奧義。若聞此法生欣慶,彼曾供養無量佛,為佛加持所攝受,人天讚嘆常供養。此為超世第一財,此能救度諸群品,此能出生清淨道,汝等當持莫放逸。」(〈如來出現品〉)

《華嚴經》以佛的始成正覺境界為經義的首開,在法界無量無盡的架構下,時間是無盡性、空間是超越性,故成佛之數亦不可限,而佛為往來教化不同眾生,以至說法亦不定性。在《華嚴經》中,不設限已為一重要意旨,儘管不同法界有不同的佛與法門等,然一皆在毘盧遮那佛的願海中,則十方皆可修證成佛。十方成佛是《華嚴經》所營構的光明遍照的境地,然十方成佛其所依據是為何?一佛成即一切佛皆可成,其所憑藉又為何?此則皆不離佛門中的最根本處,即有關佛性的問題。在《華嚴經》中,所言之心是一心,此一心即真心,亦即如來藏自性清淨心,此清淨心即一切眾生的心體,故又稱為自性清淨圓明體,此體即一切眾生與宇宙萬物的本體,而《華嚴經》即依此本體而建構整個法界圓融無礙的理論,亦依之而建立十方成佛論。

一切眾生皆本自性清淨圓明體,此為《華嚴經》之義旨,亦可謂是

定說，然於法界現象而言，則有千差萬別的不同，此淨（全同）與染（差異）之間又將如何而相互依存呢？此即「不變隨緣」與「隨緣不變」義。依性淨是不變義，此是依性染為隨緣義的前提。若無隨緣，則不能顯出不變義，同理，若無不變義，亦無法彰顯出隨緣義，故不變與隨緣兩者是互為依存的關係。總之，於《華嚴經》中，一切的差別（隨緣）在華藏莊嚴世界海中，於毘盧遮那佛的願力下，一切皆是圓融無礙、相即相入而互融為一（不變），此一可曰「一心」，正由此一心而緣起萬法事象。然《華嚴經》之宗趣，是在顯現毘盧遮那佛的清淨法身可充遍於無盡無邊的法界，一切眾生皆本具如來之智慧德相，只因妄想執著而不能顯了，而《華嚴經》的意旨，即為開啟眾生的性起之義。所謂性起，乃由自性本具的性德而生起，故性起實不待他。唯性起與重重無盡法界緣起相配合之下，則性起將可通於淨（不變）與染（隨緣）兩方面，然一切的法界緣起仍以性起為本。正因《華嚴經》暢論性起義，且華嚴境界是依佛之始成正覺為論，故《華嚴經》可謂是由果向因之法門。由性起義，則見華藏莊嚴世界海皆是佛光明遍照之下所呈現的佛果境界，且由性起而入一切法界，則一切法界必是毘盧遮那佛的法身充遍其中。

《華嚴經》一方面肯定真如自性的最高價值，然於另一方面亦重視無盡法界所展現的各種現象，如是兩方面的結合，而呈現相融相入的一面；然又能凸顯華藏莊嚴世界海中各有無量無盡的不同法界，既能相融，又各有不同，此即是華嚴世界所欲呈現廣闊、包容又和諧的境界。

悟一切空以行一切有

「爾時，世尊在摩竭提國，阿蘭若法菩提場中，普光明殿，坐蓮華藏師子之座。妙悟皆滿，二行永絕，達無相法，住於佛住，得佛平等，

到無障處，不可轉法，所行無礙，立不思議，普見三世，身恆充遍一切國土，智恆明達一切諸法。與不可說百千億那由他佛剎微塵數菩薩摩訶薩俱，皆一生當得阿耨多羅三藐三菩提，各從他方種種國土而共來集，悉具菩薩方便智慧。」（〈離世間品〉）

〈離世間品〉主要在敘述由普賢菩薩所開演的「菩薩廣大清淨行」，本品主要內容有：一、世尊在普光明殿中，無量數的菩薩所共圍繞。爾時普賢菩薩廣大三昧，名佛華莊嚴。然後從三昧而起，普慧菩薩知眾已集，即問普賢菩薩：何等為菩薩摩訶薩依、奇特想、行、善知識、勤精進等，共約兩百個問題。二、普賢菩薩即依所提的問題而一一演說，每一問題皆各以十種回答。如：1.十種依：以菩薩心為依，恆不忘失故。以善知識為依，和合如一故。以善根為依，修集增長故。2.十種奇特想：於一切善根，生自善根想。於一切善根，生菩提種子想。於一切眾生，生菩提器想。三、由普賢菩薩所宣說如上之法，總名「菩薩廣大清淨行」，此為無量諸佛所共宣說。能令智者了無量義，皆生歡喜。令一切菩薩大願大行，皆得相續。若有眾生得聞此法，聞已信解，解已修行，必得疾成阿耨多羅三藐三菩提。

依華嚴的義理，入法界即是入世間，且以普賢為菩薩行成就的代表，然此所謂「離世間」，即「出離世間」，則是否與「入法界」有所衝突？依廣義之「法界」，即應包含一切世出世間，即眾生界與佛界皆隸屬於法界，故〈離世間品〉於敘述菩薩的特德有云：「於世出世無量諸法，皆善安住，知其真實；於有為無為，一切諸法，悉善觀察，知無有二。」《華嚴經》總論一切法界之法，故於華嚴之法界圓融而言，菩薩於世出世與有為無為法皆要善安住與觀察。唯世尊示現出家相而行遊教化，於世與出世法之優劣上是有分別的，如《雜阿含經》云：「爾時，世尊告諸比丘：世

俗者,是名有漏法。出世間者,是名無漏法。」又:「佛告三彌離提:是名世間,所以者何?六入處集,即觸集,如是乃至純大苦聚集。」世法是有漏且是大苦聚集,故世尊要比丘追求無漏的出世法,然出世法又當如何而得之?如《雜阿含經》云:「爾時世尊告諸比丘:毘婆尸佛未成正覺時,獨一靜處,專精禪思,作如是念:一切世間,皆入生死,自生自熟、自滅自沒,而彼眾生,於老死之上出世間道,不如實知,即自觀察。」世尊引毘婆尸佛未成正覺時的思慮,主要在宣說;世間法是皆入生死,要學人於出世間道能自觀察。唯如何才能實知出世間道,又並非是來自外在經驗或法義的吸收而已,此中的獨一靜處,專精禪思,即在說明唯有自身的深悟觀照印契於心才以可能達到。

 ## 常在世間而不染世間的菩薩行

「如是等十不可說百千億那由他佛剎微塵數,皆悉成就普賢行願,深心大願,皆已圓滿。一切諸佛,出興世處,悉能往詣,請轉法輪。善能受持諸佛法眼,不斷一切諸佛種性,善知一切諸佛興世,授記次第,名號國土,成等正覺,轉於法輪,無佛世界,現身成佛,能令一切雜染眾生,皆悉清淨,能滅一切菩薩業障,入於無礙清淨法界。」(〈離世間品〉)

世尊肯定出世法,亦以出世法為正見,如《雜阿含經》云:「爾時,世尊告諸比丘,有正見是:聖、出世間、無漏、無取、正盡苦、轉向苦邊。」出世間法是無漏法,是成就聖道之法,故世尊一旦成就佛道,則所言之法亦當是以出世為主。世尊自詡「已度疑、離猶豫」,此是對自我修持的自信。對於出世法的深悟,世尊特別強調是「此法常住,法住法界」,

不因佛是否出世（出現於世）或未出世而存在或消失。出世法是如來自覺知，佛的成等正覺後，為人演說開示之法，亦是出世法；個人如何深觀自覺知而成等正覺，唯然在於個人的精進上。而所謂出世法，即「緣起隨順法」，能善觀因緣起，則知一切終究是無常、苦、無我（空），反之，若不能透悟緣起真理，即是一切之苦因，世尊以此法常住，法住法界，而啟示眾生當自悟自覺出世間法。

對於「離世間」之義，據澄觀大師之釋義：「前會因圓果滿，生解之終；此會正行，處世無染，通於始終。前品出現之果殊勝，今明依彼起行圓融。離有二義；一性離，世間空性，即是出世間故。二明事離，行成無染故。」所謂「離世間」主要有二義：一、能觀五蘊世間但是假名，一切只是暫時的存在現象，故離世間即是出世間，然此並非是消極厭世或離世而已。二、能觀世間終究是空，是為去捨於塵俗的染著，此是為成就行為上的無染、無執、無著。顯然，《華嚴經》的離世間，是為成就無染行以證悟正等菩提，而眾菩薩所成就者，即是普賢行願。

離世間是為成就普賢行願，然普賢之行願亦必在世間而實證，當普賢行願皆已圓滿，則當下所處的世界即是普賢境界。於〈離世間品〉後即是〈入法界品〉：由離世間而入法界（世間），足見，離世是為入世做準備，而入世是為完成菩薩行之自化化他的成就。佛法在出世間與入世之間，其銜接處之重要關鍵在是否能行持菩薩道。欲行持菩薩道則當不捨離世間，以是而知：出世就是入世、住持、傳法，唯所說法要是菩薩廣大清淨行。故澄觀大師有云：「菩薩具上真行，可得名離，而非究竟離，唯佛為離故，經云佛常在世間而不染世間」，重點不在是否離世，而在不染上；換言之，普賢行願是在世而不染世以得成之。

深入世間與眾生相處

「爾時,世尊在室羅筏國逝多林給孤獨園大莊嚴重閣,與菩薩摩訶薩五百人俱。爾時,毘盧遮那願光明菩薩承佛神力,觀察十方而說頌言:汝等應觀察,佛道不思議,於此逝多林,示現神通力。善逝威神力,所現無央數,一切諸世間,迷惑不能了。法王深妙法,無量難思議,所現諸神通,舉世莫能測。以了法無相,是故名為佛,而具相莊嚴,稱揚不可盡。」(〈入法界品〉)

本〈入法界品〉的主要內容有:一、世尊於室羅筏國逝多林給孤獨園大莊嚴重閣,與眾菩薩俱,此諸菩薩皆悉成就普賢行願,境界無礙。諸菩薩心之所念,願世尊為諸眾生開示如來境界、如來智行、如來加持、如來力、如來無畏、如來三昧、如來所住、如來自在、如來身、如來智等。二、世尊知諸菩薩心之所念,即入師子頻申三昧,示現一切佛及佛國莊嚴,感得眾菩薩之讚頌。普賢菩薩以十種法句,為諸菩薩開發、顯示、照明、演說此師子頻申三昧,時世尊以其神力,令菩薩大眾悉見一切盡法界虛空界一切佛剎,文殊師利菩薩即以偈頌重宣逝多林中之諸神變事。三、文殊師利菩薩於眾會莊嚴已,即出逝多林,往於南方,遊行人間,有舍利弗尊者與眾比丘隨行,文師師利菩薩勸諸比丘發阿耨多羅三藐三菩提心已,即再漸次南行,經歷人間。四、有五百童子,以善財童子為首,從文殊師利所,聞佛之種種功德,即一心勤求阿耨多羅三藐三菩提。文殊師利菩薩告善財童子:「汝已發阿耨多羅三藐三菩提心,復欲親近諸善知識,問菩薩行,修菩薩道。善男子!親近供養諸善知識,是具一切智最初因緣,是故於此,勿生疲厭。」善財童子依文殊師利之指向南方,即往詣妙峰山訪德雲比丘,問:云何學菩薩行?云何修菩薩行?五、善財童子漸次

南行，……前後共有五十三次的參訪。

《華嚴經》所建構的世界是華藏莊嚴世界海，此世界是由毘盧遮那佛所創造，而華藏世界的美妙殊勝，乃是依佛的神力所嚴淨。於整個佛法，雖常有對他方淨土的描繪，依此，佛法可謂是出世間法；然除此之外，佛法更是以解脫世間苦惱之主，此又可見佛法是世間法。本〈入法界品〉的重點在「依人證入」，以是《華嚴經》雖有甚多篇幅在描繪佛之身、淨土與壽量等境界的描繪，但畢竟如何由人而證悟至佛，才是欲修證的學子所最關心之處，以是，〈入法界品〉中的善財五十三參，正為是表明信、解、行、證的歷程，是依人可確然證入的行法。顯然，亦唯能如實由人得以修證成佛，則整部《華嚴經》對於佛境界的描繪，才不致淪為只是一種虛設的想像。

 ## 謙和、慈悲、寬容以待一切眾生

「善財童子於普賢菩薩毛孔剎中，或於一剎，經於一劫，如是而行，乃至或有經不可說不可說佛剎微塵數劫，如是而行，亦不於此剎沒，於彼剎現，念念周遍無邊剎海，教化眾生，令向阿耨多羅三藐三菩提。當是之時，善財童子則次第得普賢菩薩諸行願海，與普賢等，與諸佛等。一身充滿一切世界、剎等，行等、正覺等、神通等、法輪等、辯才等、言辭等、音聲等、力無畏等、佛所住等、大慈悲等、不可思議解脫自在悉皆同等。」（〈入法界品〉）

世尊的教法中，以成阿耨多羅三藐三菩提為最高目標，但世尊亦於經中常譬說其於累劫修持中，亦必行持無量的法門，而終得佛道。今若以修持的法（法各有不同）而觀入法界之義，則因法的不同，以是法法本各有

其別（界），而所謂入法界亦必因修持無量的法門，以致有不同的特殊成就，唯一切法門，皆為通向且助成佛道則無有異，故入法界顯然是為呈現成佛的必經之道。

　　依《華嚴經》所論述的法界，實含無量、無盡、無邊之義，唯可細思：入無量的法界，所為何事？既依無量之義以觀法界，以是能深入法界，則代表必將能悠遊於一切世間（包括佛世間與眾生世間），故入法界也就是一方面能遊心於佛國世界，以體悟諸佛的智慧、慈悲等；於另一方面又能在現實世間中，行持教化調伏眾生以成就無量功德。前者能遊心於諸佛世界，此即是《華嚴經》對諸佛境界的描繪。唯本〈入法界品〉，於四十《華嚴經》（全名為：《入不思議解脫境界普賢行願品》），此除指佛境界為不可思議之外，更藉由善財童子的參訪歷程，由代表般若的文殊，逐漸轉變為代表華嚴思想的普賢願行。〈入法界品〉以善財五十三參為一大重點，由未得證的善財（人），依文殊之智以達普賢圓滿之行，在淨信、正解、正修行皆具之下，終方證圓滿，則本品除呈現佛境之不思議外，實所謂入法界，就是成佛的修證歷程必不離世間，故凡欲修學成佛的學人，必要發心、行持、修證以達圓滿，而深入法界則為成佛之行（歷程）與果（佛境的臻至）的必要功課。

　　觀於各善知識的修行，各在其法門的用心之中而得成就，各各皆有其不可思議的證悟境界，以是而知，確然「是法平等，無有高下」，唯學人可各依自己的習氣以抉擇法門。若能一門深入，且在契機、契緣之下長期的薰修，則終有成就之日。反之，若自以為自己的法門殊勝，而輕視其他不同的修行，終將無法進入不可思議的境地，且因於傲慢所引發的各種過患，又極容易導致退轉道心。將入法界之義，用之於世間的各行各業，則不同的學門皆有其可學習之處，顯然，唯有更謙和、更慈悲、更寬容以待一切眾生，才能與眾生廣結善緣共成佛道。

附錄：

論《華嚴經》「佛始成正覺」與
《六祖壇經》「自性具足」之義涵

摘要

佛法之發展，由強調觀五蘊無常、苦、無我，此乃以解脫個已煩惱為主之法義，至大乘佛法其立論之觀照點明顯已有不同。其中《華嚴經》是立於「佛始成正覺」為一切立論之端緒，且在「一即一切，一切即一」之建構下，無量法界皆統攝相融為一華藏世界海，此中所呈現是一生命共同體之理念，唯此生命共同體是依於佛正覺之威德光明為最高之精神感召，亦可言：華嚴是高舉正向真善以形成整體生命之共成與共融。《六祖壇經》依於自性清淨、本具足一切萬法為立論意旨，此乃依自性本是最圓具之本懷，於此立論上，則一切眾生本皆是佛，本具足一切萬德莊嚴與佛無異，故修證並非再向外求覓，而是彰顯自本性即是。顯然華嚴與禪宗有一立論特點，即一皆先立於佛之立場以觀照一切，此為兩宗特有之性格，亦見兩宗在大乘法義中之互應性。本論文期望經由論《華嚴經》佛始成正覺，與《六祖壇經》自性本具足一切之探究，除呈顯兩宗特有之大乘法義外，更可說明：唯以生命光明面與整體共同相融為標目，才能真正為現今快速緊密連結之世界提供一增上之共利。

關鍵詞：華嚴經、佛、正覺、六祖壇經、自性

壹、前言

　　本論文之問題思考點是：釋尊法義著重在觀照無常、苦與無我，而後世所發展之大乘精神，則以濟世度眾為所重。唯在大乘宗派中，華嚴與禪宗所發展之義理思想，前者強調佛果之成，後者則以自性具足為主，兩者之旨趣皆有先立於果德與本具之特色。換言之，兩宗是先觀照整體之大與本性圓具，此可為另一種大乘之「大」義。華嚴是以佛始成正覺為立論之端緒，此是先開展佛果之威德光明，但其終究目的，實亦為接引眾生依信解行持以證悟入道；禪宗以自性本具足一切為意旨，此乃是立於先驗本性圓具之頓悟，而行持之漸修即是將此本圓具之自性彰顯即可。本論文即基此立點，以闡述華嚴與禪宗在大乘度眾之精神中，一皆是採以立足於佛果之證得與本然是佛為引領眾生之宗目。

　　本論文所依據之立論意旨是：於《大方廣佛華嚴經》（以下簡稱《華嚴經》）之立論是以佛始成正覺為依據，其論是：「如是我聞，一時佛在摩竭提國，阿蘭若法菩提場中，始成正覺。爾時，世尊處於此座。於一切法成最正覺，智入三世悉皆平等，其身充滿一切世間，其音普順十方國土，譬如虛空具含眾像，於諸境界無所分別；又如虛空普遍一切，於諸國土平等隨入，身恆遍坐一切道場。」[1] 於《六祖大師法寶壇經》（以下簡稱《六祖壇經》）所採取之立論依據是：「菩提自性，本來清淨，但用此心，直了成佛。」與「何期自性本自清淨，何期自性本自具足。」為主。[2] 一為佛始成正覺，一為自性

---

[1] 八十《華嚴經‧世主妙嚴品》卷 1，T10，p.1b26-2a1。本論文引用《大正新脩大藏經》（臺北：新文豐出版公司，1996），略號為 T，依次注明冊、頁、欄、行，以下皆同此。本論文所引用之《華嚴經》，以八十卷本為主，並參照六十卷本與四十卷本。

[2] 元‧宗寶，《六祖壇經‧行由品》，T48，p.347c28-29、p.349a19-20。本論文所引用之《六祖壇經》，以宗寶本為主，並參之敦煌本。

本具足是佛，此為先立於佛果與圓具為立宗之意旨，是確然有先觀照大、圓之氣象，可謂是兩宗之特殊性格。

　　本論文之研究範圍是：就佛果所涉及之佛智、佛德、佛身、佛境與佛土為五大主述標目，以《華嚴經》與《六祖壇經》為主要研究範圍，分別探究華嚴與禪宗在此五大內容上之論述，兩宗雖各具特色，但彼此在先標高目，而後以返歸此高標目為修證方向，以見華嚴與禪在大乘宗派中之特有之法義與相應性。

貳、佛智之覺具

　　戒、定、慧為佛法三無漏學，此三學之間是具有互為增上之作用，唯如是之順序亦在說明：智慧是證得成佛之關鍵，一切修證法門皆為證悟智慧以得成佛。由本〈佛智之覺具〉之探究中，可得知：《華嚴經》依佛始成正覺境界為論，且在一即一切，一切即一相融相攝之境界裡，[3] 佛智是具有遍入、貫通、平等與往來無礙於一切法界之特色。而《六祖壇經》是依自性具足為論，故肯定般若智為世人本有，於如是之下，佛與眾生本無差別。在立於正覺、本具之前提下，以觀佛智可遍入為世人本有，此是華嚴與禪共同之旨趣。

3　方東美（2005），《方東美全集・華嚴宗哲學》：「透過人類理性的發展、智慧的發展、哲學的進步、宗教的開明，使下層的物質世界、生命領域產生一個高度的精神轉變，然後在這個精神轉變的領域裡面，將能把這個五濁惡世轉化成我所謂的 transformed and transfigured world（超化轉化的理想世界），這個轉變的結果就是『一真法界』裡面的『正覺世間』。」（臺北：黎明文化公司），頁 201。

一、《華嚴經》立佛智是入三世悉皆平等

　　《華嚴經》主要理論建構是依佛始成正覺為根據，此中之「始」字除說明成佛之時間外，另一方面亦在展現剛成正覺所具有熱誠心切之心境。當以佛始成正覺為一切觀照之開端，此乃可謂是先立於「大」之境界，[4] 亦可言是以最圓滿具足之立場以觀一切法界。智慧是成佛之關鍵，於佛之正覺所具有之智慧，依《華嚴經》之論是：「智入三世悉皆平等」，此中蘊涵之義敷陳如下：

　　以佛智入三世象徵佛智之無礙周遍法界：佛智亦可言是圓智，亦唯有佛智始可曰無上正等正覺，其於法無所不知，故又可曰一切種智。[5] 依《華嚴經》之立論，其所稱之佛，並不僅止於菩提樹下成道之釋迦牟尼佛，而是指代表圓滿具足十身之毘盧遮那佛，[6] 亦可言：毘盧遮那佛是無量法界全體佛共成之名，惟此名之成更象徵歷劫修證終至成佛所具有之內涵；換言之，當毘盧遮那佛成為一全體共成之佛名號時，除能凸顯十方皆可成佛之殊勝，亦在肯定成佛是不受限於時、空間等之因素，更在說明佛所證成之正覺境界是常識無法窺知的。[7] 顯然，以佛智入三世，除象徵佛智之圓滿遍入一切法界，

4　宋・復菴，《華嚴經綸貫》：「此經行動格式，先大後小。經首便云：爾時，世尊在摩竭提國，阿蘭若法菩提場中，於一切法成最正覺。此是大開一口吞盡十方世界者也。若於此承當為得，遂漸漸放小接人。」卍續 4，p.466b4-9。本論文引用《卍續藏經》（臺北：中國佛教會印行，1967），依次注明冊、頁、欄、行，以下皆同此。

5　龍樹，《大智度論》卷 46：「佛智慧有二種：一者無上正智，名阿耨多羅三藐三菩提。二者一切種智，名薩婆若。」T25，p.395b14-16。

6　八十《華嚴經・世主妙嚴品》卷 1：「有十佛世界微塵數諸菩薩，往昔皆與毘盧遮那如來，共集善根，修菩薩行。皆從如來善根海生，諸波羅蜜悉已圓滿。慧眼明徹，等觀三世，於諸三昧，具足清淨，辯才如海，廣大無盡，具佛功德，尊嚴可敬。」T10，p.2a25-29。

7　一玄（1978），〈讀《華嚴經》記〉：「菩提樹下成道之佛陀，在其外觀上，原不過是一介苦行修道沙門；而由其觀察頓入正覺內面時，除常識的窺知所不能得的『遍滿常住之真實理性』外無他。」收錄於張曼濤主編，《華嚴典籍研究》（臺北：大乘文化出版社），頁167。

亦可謂是在肯定一切眾生皆在佛智之涵攝相融中而必可證悟成佛。

以悉皆平等指向立於全體同一之境界：《華嚴經》在〈世主妙嚴品〉中，敘述佛始成正覺時，以甚多篇幅敷陳佛所處之眾會道場，除莊嚴殊勝無與倫比，更依次圍繞著重重無盡之菩薩、眾法界之諸神以及各天王等，[8] 如是之呈現可謂在顯現法界所具有之各種品類實無法計數，而此即是華嚴法界觀之展現。華嚴法界觀既以佛始成正覺為中心立論，且依佛智入三世悉皆平等，此顯然是將全體法界生命視為平等同一體；換言之，依智而言，正覺境界所成之智，是最勝無上智，是一切種智，且立於一即一切，一切即一之法界觀，故佛智之妙即妙於不容分割，在此立論之下，則一切法界眾生之智實然皆為佛之映現而與佛平等無所分別。

依以上有關佛智入三世悉皆平等之分析，顯可得見：佛智之所以能入三世悉皆平等，其關鍵在依正覺境界而然，因依外觀而論，菩提樹下成道之釋尊，是一苦行之修道者，然正覺境界是一個已最深層自覺之觀照境界，此中之細微與深刻，是無法透過語言文字以表達之。《華嚴經》即是以此佛正覺境界所成之佛智，以遍入法界無礙而悉皆平等，其義可謂是將眾生廣納入於佛之正覺境界中，此中除彰顯佛正覺境界之不可思議外，實然亦是將佛智展現在度眾之實踐上。[9]

二、《六祖壇經》以般若智為自性本有

依《六祖壇經》所論之智，是特指般若智，此一方面是因佛法傳布中

8　參見八十《華嚴經・世主妙嚴品》卷 1，T10，p.2a11-5b16。

9　鎌田茂雄（1989），〈華嚴哲學的根本立場〉：「佛教所說的實踐，並不是單對『理論』的東西，而是含有造出理論的智在內的。『實踐』不與『智』對立，而是『智』本身即成為『實踐』。」收錄於川田熊太郎等著，李世傑譯，《華嚴思想》（臺北：法爾出版社），頁 451。

土是由般若經典為主要入門，[10] 般若之中譯義即是智慧，唯此智慧並非意指世俗一般之世智辯聰，更非是經驗之累積。[11]《六祖壇經》所論之智，是特指「菩提般若之智，世人本自有之」，[12] 將般若智以世人本自有之為立論基礎，此則已透顯般若智並不與後天經驗知識有關，而是將般若智立足於先驗普遍之原則以觀之；換言之，般若智並不攸關在世智之智、愚分別上，亦可言：世俗之智或愚並不與般若智有決然之關係。般若智既立足於先驗普遍之本自有之根據上，在此立論基礎上，則理應本無凡與聖之異，然於現象世界裡，又如何解釋眾生與佛之不同，此於《六祖壇經》之論是：「只緣心迷，不能自悟。只緣迷悟不同，所以有愚有智」，[13] 如是之立論，一方面可顯般若智立於先驗本自有之的立場，將不受任何外在因素而改變，另一方面亦可解釋造成凡夫與佛差異之因。

　　依佛法而論，智慧是終究成佛之根據，而一切修持方法皆為證悟智慧以得究竟成佛，此為佛門諸宗之共法。就般若經典而論，般若是依不執不著、無所得以證成，於此立場上，般若亦可言即是空慧；換言之，證空不但是修持方法，更是一種智慧之表現。《六祖壇經》在論般若智之義涵上

---

[10] 湯用彤（1979），《漢魏兩晉南北朝佛教史》：「自漢之末葉，直訖劉宋初年，中國佛典之最流行者，當為般若經。」（臺北：臺灣商務印書館），頁167。

[11] 可參見後秦·僧肇，《肇論·般若無知論》，此文之義主要在說明般若之作用，如云：「聖人虛其心而實其照，終日知而未嘗知也。故能默耀韜光，虛心玄鑒。閉智塞聰，而獨覺冥冥者矣！」T45，p.153a29-b2。另亦可參見方東美（2005），《方東美全集·中國大乘佛學》：「真正的般若應當是最高的知識，不能夠把它定著在論『有』或論『無』的單純知識上。它超越一切知識的缺陷，而變作完全的知識、普遍的知識、宇宙最上層的高級知識；這個才叫作智慧。僧肇認為在佛教的宗教精神上面，在佛教的哲學知識上面，都要向那個最高的智慧追求。」（臺北：黎明文化公司），頁135。

[12] 元·宗寶，《六祖壇經·般若品》，T48，p.350a11-12。

[13] 元·宗寶，《六祖壇經·般若品》，T48，p.350a12-15。

一再強調：「世人終日念般若，不識自性般若」，[14] 又：「一切般若智，皆
從自性而生，不從外入」，[15] 如是將般若智返歸回依自性而生，此是其一貫
之立場，如是亦能顯出與開法總偈：「菩提自性，本來清淨，但用此心，直
了成佛」[16] 互為一致之呼應。顯然，《六祖壇經》就般若智之立論上，並非
在闡明般若智是依證空可得，依《六祖壇經》之宗旨，自性本自具足，是
一切之前提開端，故般若智已非是可證得與否之問題，而是人人皆本自具
足，以是在般若智之闡明上，其重點是放在：「口念心不行，如幻、如化、
如露、如電。口念心行，則心口相應，本性是佛」，[17] 又：「迷人口說，智者
心行」，[18] 是以，心行並強調心口相應為顯發般若智之關鍵，如是亦見禪門
重日常修行之立場。[19]

　　唯所謂「心行」，《六祖壇經》立論之重心是：「念念不愚，常行智
慧，即是般若行。一念愚即般若絕，一念智即般若生」，[20] 將般若智與一念之
顯發形成密實之連結，此乃是依「心即佛」之立場以開顯之，因心（意、
識）之生滅於剎那間，而一念亦即可當下決定智、愚之判，此除說明成佛
無有永久之保證外，亦更顯發修行是一種念念皆需把握之事；換言之，一
念之鬆懈即障蔽本自具足之自性般若之顯發。既以一念為顯發般若智之作

---

[14] 元・宗寶，《六祖壇經・般若品》，T48，p.350a16-17。

[15] 元・宗寶，《六祖壇經・般若品》，T48，p.350b11-12。

[16] 元・宗寶，《六祖壇經・行由品》，T48，p.347c28-29。

[17] 元・宗寶，《六祖壇經・般若品》，T48，p.350a20-22。

[18] 元・宗寶，《六祖壇經・般若品》，T48，p.350b6-7。

[19] 高柏園（2001），《禪學與中國佛學》：「惠能首先要人能自悟本心，自識本性，能悟本
　　心，即與佛無異。雖如此，卻也對此悟之過程及用心之方式有一說明，是而有其修養論之種
　　種主張。因此，不可謂惠能禪門只論頓悟見性，而無修養可說。」（臺北：里仁書局），
　　頁55。

[20] 元・宗寶，《六祖壇經・般若品》，T48，p.350b16-18。

用關鍵，以是強調一切處所與一切時中則為修行之必然。一念將決定修行之成果，如是之立論，亦可為佛與眾生、菩提與煩惱之轉化做一甚具彈性之推動力，以是《六祖壇經》就一念與修行關係有甚多之闡述：「一念修行，自身等佛」，[21] 又：「凡夫即佛，煩惱即菩提。前念迷即凡夫，後念悟即佛。前念著境即煩惱，後念離境即菩提」，[22] 前與後之轉化在一念上，此除表明轉化之依據是甚為快速外，於另一方面：依一念而論，是一種甚為內在化之修持，此為禪宗法門之特色，以是於修證上是傾重在圓頓，較不論求階次之歷程，故對般若智之顯發所論是：「般若無形相，智慧心即是」，[23] 此乃是以智慧心之流露來說明即是般若之呈現。

　　《六祖壇經》立於自性本自具足以論般若，故其所論之般若是自性般若，又因自性本具足涵容一切，此亦可言：自性能含一切萬法，[24] 以是般若本在自性之中。若以自性本自具足一切萬法為論，則般若亦只是萬法之一，以是當智慧心顯發時，不但能呈現般若，實則亦能顯發一切萬法，故對般若與萬法之關係則著重在：「若見一切人之惡與善，盡皆不取不捨，亦不染著，心如虛空，名之為大，故曰摩訶」，[25] 此中之不取、不捨、不著正是般若證得之依據，唯《六祖壇經》將其述歸於「摩訶」之義；換言之，《六祖壇經》將本是般若證得之依據，轉為以自性本自具足為主以論之。

　　《六祖壇經》將一切立論皆依於自性本自具足上，以是而論般若，則般若智本無有缺失與否之問題，只有顯發與否之事實，而顯發又涉及至

---

[21] 元・宗寶，《六祖壇經・般若品》，T48，p.350b27。

[22] 元・宗寶，《六祖壇經・般若品》，T48，p.350b27-29。

[23] 元・宗寶，《六祖壇經・般若品》，T48，p.350b20。

[24] 元・宗寶，《六祖壇經・般若品》：「自性能含萬法是大，萬法在諸人性中。」T48，p.350b3-4。

[25] 元・宗寶，《六祖壇經・般若品》，T48，p.350b4-6。

修行方法，而修行之重點又置於一念上，故總言般若之法與行是：「念念若行，是名真性。悟此法者是般若法，修此行者是般若行，不修即凡」，[26] 所謂修行之「修」並非指可改變之義，因自性本自具足，本不必修，亦不可修，故其所謂修，則只能是將一切客塵煩惱掃除而已，[27] 以是智慧心所顯之般若作用，只能就外緣障蔽而言，並不涉及至自性具足之部分。

參、佛德之圓遍

凡夫與眾生之別並非在根本之本質上，是依所行與所證而導致差異，亦可言：成佛是一種行修證悟之歷程，而佛德之成就即代表佛圓滿具足之功德內涵。由本〈佛德之圓遍〉探究中，可得知：《華嚴經》依佛始成正覺境界，並以毘盧遮那佛為十身圓具之佛，此中所涵括之修證功德實無法詳數，然可由各法界菩薩、諸天王眾所證悟之解脫門，以得窺知佛歷劫修證之功德內涵。《六祖壇經》強調功德在自性法身中，自性本具足一切功德，故不循向外求福之事，眾生若能將自性功德彰顯，則能與佛無異。《華嚴經》強調一切眾生皆具有如來智慧德相，如是之立論，與《六祖壇經》以眾生自性本具一切功德，兩者對於佛德圓遍於一切眾生身上可謂有一致之肯認。

一、《華嚴經》由解脫門論佛功德之圓遍

《華嚴經》有一最大特色即是在建立華藏莊嚴世界海，此世界海是一

---

[26] 元‧宗寶，《六祖壇經‧般若品》，T48，p.350b25-27。

[27] 元‧宗寶，《六祖壇經‧般若品》：「當用大智慧，打破五蘊煩惱塵勞，如此修行定成佛道。」T48，p.350c2-3。

重重無盡相融相攝之法界，如是之描述是依佛正覺境界所成；換言之，華嚴之法界觀並非是對宇宙現象做客觀之分析，而是在顯佛不可思議之一真法界。[28] 惟華嚴所述之法界，是指「一切眾生身心之本體」，顯然，《華嚴經》所論之一真法界是依眾生之身心本體以成，此亦可言：依本體而論則眾生與佛實然無別。觀《華嚴經》所論之法界，是依佛始成正覺境界以成；換言之，論法界之目的是為令眾生能於自身中以見如來之廣大智慧與功德，而佛始成正覺之境界，實然亦是眾生所能臻至之境地。

一切大地眾生皆具有如來智慧德相，此為圓滿正面之肯認，但因妄想執著而不能證得，此即是展現修證之必要性。《華嚴經》立於佛始成正覺境界，此是一高標之確立，於此標準下，佛與眾生無異；但修證之歷程與悟入之境地則能顯出行持不同將造成之差異。修證不同即代表所成之功德不同，《華嚴經》所論之毘盧遮那佛，是一功德圓遍之象徵，此為全體所共成之佛，其功德當不容分別視之。惟佛德之圓遍，是就已成之正覺境界為論，然當個別之菩薩、諸神、天王等，各依其所證悟之法門以成功德，於如是之觀照下，則所行持之不同法門，即是代表所成功德之義涵，而如是之修持法門與功德則為可陳述與分析。

《華嚴經》之啟幕是佛始成正覺之境界，然佛之周邊尚環繞著諸菩薩、諸神、天王等，如是之身分可為行持者，亦可為護法者，而身分不同

---

[28] 唐・裴休，《註華嚴法界觀門・序》：「法界者，一切眾生身心之本體也。從本已來，靈明廓徹，廣大虛寂，唯一真之境而已。非徹法之慧目，離念之明智，不能見自心如此之靈通也。故世尊，初成正覺，歎曰：奇哉！我今普見一切眾生，具有如來智慧德相，但以妄想執著而不證得。於是稱法界性，說《華嚴經》，令一切眾生，自於身中得見如來廣大智慧，而證法界也。」T45，p.683b6-18。

實然代表所證悟之不同，而證悟所依即是修持之法門[29]，故《華嚴經》〈世主妙嚴品〉中，除敷陳佛始成正覺境界之莊嚴場景外，其後更分別論述各依行持不同解脫門以證得之功德。[30]《華嚴經》依不同解脫門以證不同之功德，其用意之可能性論述於下：

功德無法憑空而證：雖言《華嚴經》依佛始成正覺境界為論，一切眾生本具如來智慧德相，此乃是先立於本質所具有佛之功德，此本質之確立後，一切眾生依修持以證成佛才有其可能性，此為對本質肯認之重要性，亦是成佛之關鍵。然妄想執著則是造成品類不同之因，不同之妄執則產生不同之品類，故欲求對治，則所需修持之法門自是不同。顯然，論佛德圓遍與品類差別是可同時呈現，以是《華嚴經》於首品〈世主妙嚴品〉，有重重法界之論述外，其最末一品〈入法界品〉更有善財童子五十三參由人證入法界之敷陳，[31]其義與依修持證功德是互為呼應的。若謂《華嚴經》有兩大主旨：一為法界觀，一為由人證入，則由各菩薩、諸神、天王等，所修持證悟之解脫門，實然在〈世主妙嚴品〉中已將法界觀與修持證解脫之主旨透出。佛德圓遍是依全體共成之毘盧遮那佛而論，但個己之無明，則有賴各自對治修持，此則是無法替代。

---

[29] 八十《華嚴經·世主妙嚴品》卷2：「爾時，如來道場眾海，悉已雲集。無邊品類，周匝遍滿。形色部從，各各差別。隨所來方，親近世尊，一心瞻仰。此諸眾會，已離一切煩惱心垢，及其餘習，摧重障山，見佛無礙。如是皆以毘盧遮那如來，往昔之時，於劫海中修菩薩行，以四攝事而曾攝受。所行之行，具足清淨。於出離道，已能善出。常見於佛，分明照了。以勝解力，入於如來功德大海。得於諸佛解脫之門，遊戲神通。」T10，p.5b24-c6。

[30] 有關諸菩薩、諸神、天王所修功德、所證解脫門，或得成諸法之論述，可參見八十《華嚴經·世主妙嚴品》卷1-5，T10，p.2a11-26a12。或亦可參見拙著（2006），《華嚴經之成佛論》，（臺北：萬卷樓圖書公司），頁98-103。

[31] 有關善財童子五十三參之歷程，可參見於八十《華嚴經·入法界品》卷60-80，T10，p.319a-444c。

佛德圓遍與個別所證之相融：當所修法門不同，則所得成之功德與所證解脫門自有不同，此乃就個別而論之，此是分述證得功德之用意。唯《華嚴經》所營造是一「因陀羅網」，[32] 以「網」字形容互相之關聯性，在法界大網之中，生命是一大共同體，而依佛始成正覺境界所證得之佛德圓遍，正是生命共同體之呈現。就一般而論，通常是由一而二、三，以至十、百、千、萬，此乃是由一而遍之過程。惟《華嚴經》不循如是之思惟模式，而是先立於觀照整體之生命為一大網，此中所呈現即是最周遍圓滿之境地，並以之期勉一切法界眾生，個別生命之展現皆可臻至如是之境界，此是《華嚴經》之特殊性。

依上所論，可知論修證功德於成佛之重要性，《華嚴經》之特殊性在顯佛果與彰佛德，若以佛果、佛德而論，本是超言絕慮，[33] 然當佛依正覺境界所呈顯之圓遍功德，可促成法界一切眾生同受感召攝受成一和諧圓融之境，亦可言：華嚴是以共同一大生命體之營造和諧為其主旨趣向。

二、《六祖壇經》見功德在自性法身中

依佛德而論，本指如來所具有之功德，以功德而論佛應圓具之各種條件，則理應是無法盡數，此乃立於佛是最圓滿之象徵，故其所具有之功德當是最圓滿而無有缺漏。惟《六祖壇經》所論之功德，並未就佛具有之功德內涵為論，而是為使學人勿落於有求、有相之執，故特舉達摩與梁武帝論及功德之事，並以之分別求福與功德之不同，求福是指有相之布施等，

---

32 八十《華嚴經‧華藏世界品》卷9：「次有香水海，名金剛輪莊嚴底，世界種名妙寶間錯因陀羅網。」T10，p46a26-28。又：「次有香水海，名蓮華因陀羅網。」T10，p.46c4-5。

33 唐‧澄觀，《華嚴經疏》卷47：「如來果法，迥超言慮，故以為名，斯即佛之不思義法也。宗趣者，總明說佛果德體用，心言罔及為宗；令總忘言絕想速滿為趣。」T35，p.861a10-14。

而功德之義是：「功德在法身中，不在修福」，[34] 此乃將功德內化為自性所具有，此乃是立於自性本自具足所產生之必然之論。

《六祖壇經》將功德返轉於自性上求，以是將功德與自性做一密切之連結，此是其立論之特色，以下列舉其所述功德之義以明之：

> 見性是功，平等是德。
>
> 內心謙下是功，外行於禮是德。
>
> 不離自性是功，應用無染是德。
>
> 念念無間是功，心行平直是德。
>
> 自修性是功，自修身是德。[35]

當自性本自具足一切萬法，萬法本在自性中，故再向外尋求功德，即是多此一舉。功德既已在自性中本具，故所謂欲證求功德，其行持方式則必然不同於向外積極營造之一切如布施、造寺等事。唯論及至此，當再思考一事：布施為菩薩行六度之首，眾善萬行由布施為始，然《六祖壇經》卻以之僅為求福非是功德，其義何在？當一再強調自性本自具足，此乃立於最圓具之高標下，在此立論之下，行持布施本為多此一事，更何況若是有相之布施，則布施不但無益於明見自性，反成另一種障礙。《六祖壇經》以布施為求福非是功德，其意並非是否定布施，而是先立於自性具足之下，以是布施僅能視為一種於行持過程中之隨緣行為；換言之，無住、不執才是論布施之重點，以是若欲依求福以見自性，則將適得其反。

當以功德是自性本具足為立論時，則一切眾生亦本具足如佛般之萬德

---

[34] 元‧宗寶，《六祖壇經‧疑問品》：「師曰：武帝心邪不知正法，造寺、度僧、布施、設齋，名為求福，不可將福便為功德。」T48，p.351c28-352a1。

[35] 元‧宗寶，《六祖壇經‧疑問品》，T48，p.352a2-10。

莊嚴，然眾生之所以未能彰顯本具足之功德，其問題是起於眾生之執著與無明。《六祖壇經》一再強調修福與功德有別，因依修福則所得僅是人天有漏福報，當福報享受窮盡時，則將再流轉生死。論修福與功德別，實並未意指不可行布施等事，而是將主旨放在唯有明見自性，才能出離生死苦海；換言之，《六祖壇經》所強調之功德，其目的在使學人能依明心見性而超脫生死煩惱，故五祖弘忍大師曾叮囑門人曰：「世人生死事大，汝等終日只求福田，不求出離生死苦海。自性若迷，福何可救？」[36] 顯然，論功德其目的並非在呈現功德所具有之內涵，而是以論功德之義，彰顯見性為超脫生死煩惱之重要關鍵，以是終再強調：「功德須自性內見，不是布施供養之所求」，[37] 如是將功德與自性做一連結，以使學人避免趨於向外尋求功德，而能將先驗之自性具足之最光輝面呈現出來。

當論功德是為顯明見性是一重要之行持時，則一切之有相、有執之修持較有可能被了然放下，使人人不於外行之事蹟中一爭高下；換言之，當論功德可顯見性之功夫時，才能契合惠能大師於度陳惠明將軍時之所言：「不思善！不思惡！正與麼時，那箇是明上座本來面目」，[38] 善、惡是對待法，思善或思惡皆已落為經驗之分別中，而自見本來面目之功夫，此是攸關先驗之自性具足，已非後天經驗修持之階次，故當論功德在自性中，如是之行持重點是將先驗之自性具足顯出即可，以是與向外求福自為不同。

依自性具足之立論，再觀之其論功德之義，顯然，重點不在功德要如何行證而得，而是要如何將自性本具呈顯出來，唯此中之關鍵只在迷與悟

---

36 元·宗寶，《六祖壇經·行由品》，T48，p.348a29-b1。

37 元·宗寶，《六祖壇經·疑問品》，T48，p.352a11。

38 元·宗寶，《六祖壇經·行由品》，T48，p.349b24-25。

之間，以是迷時自會向外求福，悟時則將返自性而見。[39] 觀《六祖壇經》將功德與自性連結，此雖為其一致之立論方向，然將求福與功德做一分別，可免後世學人在外相爭競上強分高下，而是將修行返歸在腳踏實地之自我煩惱之解脫上。

肆、佛身之證成

佛是一切最圓滿之象徵，其智慧德相皆無法以常識而思議之，唯佛之證得是由人以成，而人之外相可為一具體之呈現，以是論佛身之證成，由早期是以三十二相、八十種好較具體之敷陳來說明佛身相之殊勝美好。由本〈佛身之證成〉探究，可得知：《華嚴經》是依佛正覺境界之海印三昧以證十身相海，此是佛以三昧力普入一切眾生心念而證成。《六祖壇經》是以自性本具足而論佛身本在自性中，若能自悟自性即可證成佛身。兩者之論佛身，是先立於正覺、本具之圓滿佛身為論，此為華嚴與禪於論佛身所採取之思惟方向。

一、《華嚴經》入海印三昧以證十身相海

依「身」之義而論，本指人之外貌所呈之相，唯於佛法中，釋尊由人身以至修證成佛，除八十年之色身終歸塵土外，後世學人更將有關佛身提昇至圓滿之相，以是有三十二相、八十種好之佛身觀出現，[40] 顯然，圓滿佛身觀之出現，是對佛象徵圓滿具足之嚮往所形成之懷想。佛是修證圓成

---

[39] 元·宗寶，《六祖壇經·行由品》：「惠能云：迷時師度，悟了自度。今已得悟，只合自性自度。」T48，p349b9-11。

[40] 杜松柏（2002），《佛學思想綜述》對於「華嚴宗之佛身觀」之述是：「佛陀之佛身觀，逐漸由人格之完美而神化，不但認為佛陀非常人，而且具有超越常人之『能力』─所謂十力、四無畏。」（臺北：新文豐出版公司），頁 1249。

之象徵，論佛身實是佛之智慧與覺行之另一種展現。《華嚴經》依法界一即一切，一切即一之立論，其所證成之佛是毘盧遮那佛，毘盧遮那佛為十方諸佛共成之名；換言之，毘盧遮那佛身可謂是一整全之呈現，[41] 依毘盧遮那佛以觀一切法界，則一切法界諸佛所證得之法身，一皆可納入於毘盧遮那佛身中，由一一佛以至證得毘盧遮那佛身，此中之依據即是「海印三昧」，如〈賢首品〉所云：

> 眾生形相各不同，行業音聲亦無量，如是一切皆能現，海印三昧威神力。[42]

佛以三昧力可往來出入無量微塵數之諸佛剎海與境界等，如是之展現亦可謂即是佛之正覺境界所成。依佛之正覺以觀一切法悉皆平等，以是，若以大海能印現萬象而返歸於佛之修證，則佛之海印三昧力亦即是佛之心行境界之表現，此乃需立於自性清淨才能普印一切眾生之心行，而此即是佛之正覺境界，亦即是佛之海印三昧力。[43]

依《華嚴經》所論證之佛身，是依佛正覺境界之海印三昧以成，顯然，如是所證成之身，是將普入至一切法界眾生一一皆是佛身，即以大行為代表之普賢菩薩為例，其終境之證得亦將是入於「毘盧遮那如來藏身」

---

[41] 方立天（1991），《法藏》：「毘盧遮那法身，是遍於全宇宙的人格神，是真理和德行的光輝體現，最高智慧和最大功德的化身。毘盧遮那法身能開能合，是融即三身，廣攝三世間，具足十身，周遍法界，圓融無礙的一大法界。」（臺北：東大圖書公司），頁 192-193。

[42] 八十《華嚴經·賢首品》卷 14，T10，p.73c27-28。

[43] 八十《華嚴經·如來出現品》卷 52：「正覺了知一切法，無二離二悉平等，自性清淨如虛空，我與非我不分別。如海印現眾生身，以此說其為大海，菩提普印諸心行，是故說名為正覺。」T10，p.275c2-5。另可參見李世傑（1978），〈華嚴宗綱要〉：「『海印』是以譬喻而表示釋迦大覺的內容的。釋迦的大覺，是物我一如，天地與我同根，萬物與我一體的境界。在釋迦大覺的心中，一切萬有，無不印現。《華嚴經》的內容，是描寫著佛所印現的實相境界的。」收錄於張曼濤主編，《華嚴學概論》（臺北：大乘文化出版社），頁 221。

中；[44] 換言之，就《華嚴經》所證成之佛身，是以法界為一大因陀羅網，而佛身之證成是依諸佛共成之毘盧遮那佛之法身以成，此中所蘊涵之義，即是無量法界與佛身之證得皆是不容分割，故又可曰：「超越的分解」；[45] 換言之，《華嚴經》展顯佛正覺境界之佛身是充滿一切法界，是無法以言語分解詳盡之。

依《華嚴經》所論證之佛身是正覺、圓滿、遍入的，此中是無法依現象界之分析角度以觀之，雖言如是，但於〈如來十身相海品〉中，卻有對於佛之身相詳述為「九十七種莊嚴大人相」，[46] 顯然，依《華嚴經》之立場，一方面說明佛身是充滿一切世間，此是不容分割之部分；但於另一方面又重視有證成之過程與結果，此是可以分述之部分，故有九十七種大人相之明列為：眼、鼻、舌、口、齒、唇、頸、肩以至足跟等，唯如澄觀對「如來十身相海」之釋云：「如來十身，標人顯德。言相海者，依人顯相。如來十身，福報奇狀，炳著名相，相德深廣，故稱為海。若此之相，唯屬圓教。」[47] 顯然，《華嚴經》採用十身相海以論佛身，即已在表明一切之大人相，在一一之相體與相用皆可互融互入之下，佛身之證成是圓滿無盡的，

---

[44] 八十《華嚴經·普賢三昧品》卷7：「爾時普賢菩薩摩訶薩，於如來前，坐蓮華藏師子之座，承佛神力，入於三昧。此三昧名一切諸佛毘盧遮那如來藏身：普入一切佛平等性；能於法界示眾影像，廣大無礙，同於虛空。普賢菩薩於世尊前入此三昧，如是盡法界、虛空界、十方三世，微細無礙，廣大光明。佛眼所見、佛力能到、佛身所現，一切國土，及此國土所有微塵。有微塵數普賢菩薩，皆亦入此一切諸佛毘盧遮那如來藏身三昧。」T10，p.32c26-33a14。

[45] 牟宗三（2003），《牟宗三先生全集3·佛性與般若（上）》對華嚴宗之「法身」與「緣起」有一論說：「如來藏緣起是超越的分解。由如來藏緣起悟入佛法身，就此法身而言法界緣起，一乘無盡緣起，所謂『大緣起陀羅尼法』者，便是華嚴宗。」（臺北：聯經出版公司），頁481。

[46] 有關「九十七莊嚴大人相」可參見八十《華嚴經·如來十身相海品》卷48，T10，p.251b25-255c10。

[47] 唐·澄觀，《華嚴經疏》卷48，T35，p.865b11-16。

而一切菩薩之修行（〈如來十身相海品〉是以普賢菩薩為主），亦終能得成如來十身相海之圓滿佛身，而此亦即是毘盧遮那佛之正覺顯現。

二、《六祖壇經》依自悟自性以證佛身

《六祖壇經》於身之論述上，有神秀描述「身是菩提樹」之論，依神秀之意，是以菩提樹以喻身之莊嚴，此一方面是在展現因修行所產生之效果，將能具體在人身上呈現，亦可言：外相在某一程度上是與內在修行有著密切之關係。唯當神秀以菩提樹為身之喻論時，惠能之論則是：「菩提本無樹」與「本來無一物」以為破之，[48] 惠能主要在去除於身相之執著，更是對階次修行提出另一種不同之思維。

《六祖壇經》依自性具足為其立論宗旨，以此觀之於佛身論，則一切佛所具有圓滿之相好，於世人中亦已本自具足之，故於身相之追求則不為其所重視，以是本於佛門中強調習定之修持，於《六祖壇經》則論為：「生來坐不臥，死去臥不坐，一具臭骨頭，何為立功課」，[49] 顯然，身相無論相好與否，其終將灰飛湮滅，故於身相之追求或特為之立功課，亦終成幻化一場。亦正因《六祖壇經》之立論主要在自性本自具足上，更由於是以「心即佛」為其宗門風格，故於靜坐修持之立論是：「外於一切善惡境界心念不起名為坐，內見自性不動名為禪」，[50] 顯然，靜坐功夫是在心念之不起動上著力，並非是在身相上之用功。

依《六祖壇經》之義，於身之不執，亦即是於法之不執，以至於一切萬法亦無有所立，至此，所謂佛身之義，則已非是依循於佛圓滿身相觀想

---

[48] 神秀與惠能之偈各見於元·宗寶，《六祖壇經·行由品》，T48，p.348b24-25、p.349a7-8。

[49] 元·宗寶，《六祖壇經·頓漸品》，T48，p.358b24-25。

[50] 元·宗寶，《六祖壇經·坐禪品》，T48，p.353b19-20。

之路，因依此徑所求之佛身，亦為另一種形相而終成幻境，故論云：「若悟自性，無一法可得，方能建立萬法，若解此意，亦名佛身」，[51] 佛身並非依相而論，其證成更不在外相之呈顯，而是悟自性本自具足以成佛身，此是其一貫之立場，因一旦論及佛身所呈之外相，如是則為於法有所立，與悟自性本自具足之旨相違。唯能觀照一切法皆本無所立，其所依據則在般若智，顯然，論自性本自具足一切萬法，故於萬法本當不需立、不必立，於佛身亦然如是觀悟，但日用常行欲永保如是之悟，則需仰賴般若觀照。將不立萬法與不設階次架構在自性本自具足之下，且形成一結合，如是之修證方法則確然是為「頓悟頓修」，[52] 此於佛身亦將如是悟、如是修。

後人由對釋尊之懷想所形成之佛身觀，要曰有三身佛：法身佛、報身佛、化身佛（又曰應身佛），[53] 此三身佛雖各有所涵攝之內容不同，但總為象徵佛之圓滿具足則為其主要意義。依佛身觀之發展，顯然已非就具體之身相以論之；換言之，佛身可以代表佛之永世長存，而如是所形成之三身佛觀，於《六祖壇經》則一仍依其本自具足與圓滿為之立論，故其三身佛亦與自性相連結而成為：「一體三身自性佛，三身了然自悟自性」，[54] 此為依據頓悟頓修所必然有之思維。

三身佛既依自性而有，故唯有向內悟求始能得之，以是《六祖壇經》所論之三身佛是：「世人性本清淨，於自性中萬法皆現，此名清淨法身佛。

---

[51] 元·宗寶，《六祖壇經·頓漸品》，T48，p.358c19-21。

[52] 元·宗寶，《六祖壇經·頓漸品》：「志誠啟師曰：如何是不立義？師曰：自性無非、無癡、無亂，念念般若觀照，常離法相。自由自在縱橫盡得，有何可立？自性自悟，頓悟頓修，亦無漸次，所以不立一切法。諸法寂滅，有何次第！」T48，p.358c25-29。

[53] 隋·慧遠，《大乘義章》卷19：「三佛之義：法身體有覺照之義，名法身佛。此真心體，為緣薰發諸功德生，方名報佛。應身佛者，感化為應，感化之中，從喻名之。」T44，p.837c15-838a26。

[54] 元·宗寶，《六祖壇經·懺悔品》，T48，p.354b13-14。

於實性中不染善惡，此名圓滿報身佛。迴一念善，智慧即生，此名自性化身佛」，[55] 將一切法門納歸入於自性中，此為其立場與特色，於三身佛亦然如是，唯觀《六祖壇經》之論，雖三身佛於自性中本自具足，但仍不廢其論修行之要，故三身佛是否能於自性中顯發，則仍需立於除卻煩惱、妄想、執著等以為決定之。[56] 既以自性本自具足為宗旨，此顯然是以自性為一總體圓具為立足點以觀一切萬法，故三身佛實然亦可總歸為一，而此即是法身佛，又曰自性佛；換言之，報身佛與化身佛皆依法身佛以成，亦唯此自性法身佛始可言歸依，[57] 以是欲證三身佛在自性中，則其修行方法亦只能是頓悟頓修，餘者皆無法契入。

伍、佛境之悟入

就佛境而論，「境」可為佛之心境，此是自我主觀所擁有之覺，於此所論之佛境，則絕非語言文字可形容詳盡；然若依佛所觀之於與諸法界、萬法之關係，則此中當有悟入之方法。由本〈佛境之悟入〉探究，可得知：《華嚴經》是先立於佛之正覺以營造全體為一大和諧之象徵，於此依如來所現之相為最高之精神感召下，則事事法界可圓融無礙。《六祖壇經》是以自性具足能生萬法為論，故欲證得知萬法，則必返歸由自性以求之，亦可言是：萬法之全體呈現即是自性。顯然，華嚴欲求證入事事無礙

---

[55] 元‧宗寶，《六祖壇經‧懺悔品》，T48，p.354b22-c20。

[56] 元‧宗寶，《六祖壇經‧懺悔品》：「自心歸依自性，是歸依真佛。自歸依者，除卻自性中不善心、嫉妒心、諂曲心、吾我心、誑妄心、輕人心、慢他心、邪見心、貢高心及一切時中不善之行，常自見己過，不說他人好惡，是自歸依。」T48，p.354c2-6。

[57] 元‧宗寶，《六祖壇經‧懺悔品》：「善知識！法身本具，念念自性自見，即是報身佛。從報身思量，即是化身佛。自悟自修自性功德，是真歸依，皮肉是色身，色身是舍宅，不言歸依也。但悟自性三身，即識自性佛。」T48，p.354c20-24。

法界，禪宗欲明法由心生，如是皆需先立於以全體為一觀照點，此為兩宗對於境界與萬法之悟入方法。

一、《華嚴經》顯如來所現境界無所分別

《華嚴經》是依佛之始成正覺為論，依正覺而言，此是最自我主觀之境，亦可言是佛之心境，若依此而論佛境，則非語言文字可為詳盡。自我主觀之正覺心境雖無法表述。但佛於諸法界所觀照以形成之境界，則能代表諸佛與諸法界之關係，於此部分，則可顯出諸佛各自願力不同、觀照不同所顯現出之不同境界。

如《華嚴經》所論之佛始成正覺時，是「於諸境界無所分別」，此乃是《華嚴經》論佛之境界最根本意旨。論佛始成正覺時，此佛可僅指是某一剛成佛者，唯《華嚴經》是依毘盧遮那佛以證十身相海，並建構一大網之華藏莊嚴世界海，以是在如是架構之下，一佛成即等同十方一切佛成，在此立論觀照之下，則佛始成正覺境界與一切法界皆同時相融相攝在一大網之下，於此之當下，則佛之境界即普入至一切法界而圓融無礙，至此，則一切法界亦可謂即是佛之境界，而此即是《華嚴經》所稱：「諸佛境界不思議，一切法界皆周遍」[58]之義。

《華嚴經》所呈現之佛境是一普入遍滿之不可思議妙境，唯至此，可再思慮：佛境之妙不可思議，其源為何？若依《華嚴經》起首之標示，當是依佛始成正覺而然。然可再思慮：佛始成正覺時，又是以何方式展現此不可思議之境？於此，可觀〈如來現相品〉之論：本品主要在敘述佛以其智德光明，為諸菩薩及一切世間主呈現華藏莊嚴世界海之殊勝妙境，[59]

---

[58] 八十《華嚴經・世主妙嚴品》卷 2，T10，p.8c18。
[59] 八十《華嚴經・如來現相品》卷 6，T10，p.26a20 -32c18。

依本品所論：佛正覺境界與諸法界能相融無礙，其主要依據是佛於面門放光明，[60] 唯佛如是之展現其目的是為使諸法界菩薩乃至一切眾生皆能於光明中，得見華藏莊嚴世界海之殊勝妙境；換言之，佛始成正覺於面門放光明，其目的已非僅是自我主觀心境之證入而已，而是為開悟眾生，此即是〈如來現相品〉所云：「各令如須彌山微塵數眾生，皆得安住毘盧遮那廣大願海，生如來家」，[61] 於此可知：佛始成正覺、佛之放光與佛境之展現，一皆以度眾為大前提。

　　《華嚴經》以佛始成正覺而營造於諸法界無所分別，於此，後代華嚴宗諸祖提出「事事無礙法界」之境，[62] 依現象界而論，事物本千差萬別，其中無有一相同者，以事與事之間是絕無法相融無礙，然萬法差異是依外現之相而論，而《華嚴經》是立於以如來所現之相為論；換言之，事事無礙法界之理論根據是依如來相之內容為論，據澄觀大師對「如來現相」之釋云：「如來是能現之人，現是所現之法，現通能所，能所合說，體用雙陳以立其稱。」[63] 顯然，能促成事事無礙法界，其論旨必依如來正覺為主體，與由主體觀照之法界相融而論。再引澄觀大師對如來現相提出五類之述：「現相五者：一現面門光相，召十方眾。二現眉間光相，示說法主。三振動剎網，以警群機。四佛前現華，表說依果。五白毫出眾，表教從佛流。」[64] 此如來現

---

[60] 八十《華嚴經・如來現相品》卷6：「世尊知諸菩薩心之所念，即於面門眾齒之間放佛剎微塵數光明。……諸菩薩眾，於光明中，各得見此華藏莊嚴世界海。」T10，p.26b29-c11。

[61] 八十《華嚴經・如來現相品》卷6，T10，p.29b11-12。

[62] 方東美（2005），《方東美全集・華嚴宗哲學》：「『無窮的法界緣起』才可證明整個森羅萬象的世界，絕無孤立的境界，也無孤立的系統存在著。這在說明現實世界裡面的一切事物，一切的一切都是透過理性的解釋，便可以證明它是『事事無礙法界』。」（臺北：黎明文化公司），頁200。

[63] 唐・澄觀，《華嚴經疏》，卷9，T35，p.562b4-6。

[64] 唐・澄觀，《華嚴經疏》，卷9，T35，p.562b15-19。

相五類之分，除如來所現之相外，此中之關鍵在如來現相所可能產生之作用，顯然，現相是一種啟動眾生警策注意之方法，其主要用意仍在說法度眾，而如來之放光可為一種最高精神之象徵，當事事法界皆能依此光明精神為最高之和諧，則一切現象界之差異，將能在此光明精神之感召下，以寬容、博愛、同理心相待於不同法界，如是，才有可能臻至事事無礙法界。

當事事無礙法界之觀念提出，實然必尋一立論之根據，因於現象世界中，差異之存在是為必然，唯現象法界雖各具不同，但彼此是互為關聯則是事實；換言之，事事法界皆能臻至無礙，並非立於單一對單一而論，而是立於全體以觀照單一，由各個單一以形成全體，以是全體是由各個單一所組成，故以全體觀照每個單一，則每個單一在全體之下皆是促成全體之關鍵，在此立場而論，則每個單一已成全體之一份子，此中已無法分割單一與單一，或單一與全體之別。依此而論，欲求事事無礙法界，則需先建立最高之意旨目的，亦可謂是事事無礙法界之立論根據。世尊之現相放光遍照十方世界海，亦即是以全體為一大觀照，再由此而普及至各個單一，而各個之一一，亦終攝入歸於全體之中，而此即是華藏世界海圓融無礙之原理，亦是佛依正覺所現於諸境界無所分別之境。

依修行而論，強調階次功夫，此是對功夫歷程之重視所必然發展而出之思維與理論，唯《華嚴經》是先立足於佛始成正覺境界以為立論宗旨，此並非不重視修行階次，其中善財童子依人證入之五十三參即是修證之表現，其意旨目的是為宜先高舉一崇高理念，亦唯有在崇高理念之下，則由此所發展而出之一切修證才能確然為佛行與佛境，此為《華嚴經》所營建之境界根據。

二、《六祖壇經》觀萬法皆依自性起用

　　《六祖壇經》以自性本自具足為立論，如是顯然是先立於圓滿境界再以論之其他，依具足圓滿之義，則一切當無有缺漏，既為具足圓滿，則一切亦無分無別。以自性為一切立論之根源，以是一切法本皆由自性而生；換言之，自性才是本，萬法皆是權設，法既為方便權設，則其重點是依對治上而論，對治只是一種過程，其目的亦終不離欲求證入成佛。

　　《六祖壇經》於法之論述上，特列舉出「三科」[65]與「三十六對」，於三十六對又列分為：「對法外境無情五對」、「法相語言十二對」與「自性起用十九對」，[66]於法之分類，此全然只是權設而已，既為權設方便則只能是相對法，此乃意謂：法之設立，若適於此則不必然適於彼，適於昔則不必然適於今，實因是為對治不同之煩惱，則有不同對治之法產生，此亦在說明：法當具有千法萬法無以盡數。當立於自性具足以觀一切法，故其對所列舉三十六對法之論是：「若解用即道，貫一切經法。出入即離兩邊，自性動用」，[67]顯然，萬法皆是自性之起用，當一切法皆依自性為本源時，則若以為法有善、有惡時，此並非起於法之本身而然，實因自性起用而造成，以是若在一切法上所產生之界分，皆實然只是枝葉末節而已。

---

[65] 元・宗寶，《六祖壇經・付囑品》：「三科法門者，陰界入也。陰是五陰，色受想行識是也。入是十二入，外六塵色聲香味觸法，內六門眼耳鼻舌身意是也。界是十八界，六塵、六門、六識是也。」T48，p.360b1-4。

[66] 元・宗寶，《六祖壇經・付囑品》：「對法外境無情五對：天與地對，日與月對，明與暗對，陰與陽對，水與火對。法相語言十二對：語與法對，有與無對，有色與無色對，有相與無相對，有漏與無漏對，色與空對，動與靜對，清與濁對，凡與聖對，僧與俗對，老與少對，大與小對。自性起用十九對：長與短對，邪與正對，癡與慧對，愚與智對，亂與定對，慈與毒對，戒與非對，直與曲對，實與虛對，險與平對，煩惱與菩提對，常與無常對，悲與害對，喜與瞋對，捨與慳對，進與退對，生與滅對，法身與色身對，化身與報身對。」T48，p.360b9-20。

[67] 元・宗寶，《六祖壇經・付囑品》，T48，p.360b21-22。

　　《六祖壇經》在自性與萬法之融合上，一方面不離自性本自具足之前提，但另一方面亦能肯定萬法之存在，唯在自性與萬法之關係上，所持之論是：「自性能含萬法，名含藏識。若起思量即是轉識」，[68] 自性能含萬法，此為依自性本自具足而論，在此層面上，自性與萬法是本相融為一境界；換言之，自性本具足一切萬法是立於先驗之層面上，此乃是以自性本自具足為前提時，對法之觀照所持之態度。至於法之所以有善、惡等之相對產生，此並非在自性與萬法上，而是起於思量、轉識，此亦可言：自性含萬法是立於不可思議之第一層境界，而此即是真空妙有之境；當思量、轉識時，則為可思議、可執持之第二層境界，在如是之狀況下則產生一切之相對法。

　　《六祖壇經》將自性能含萬法，與思量、轉識則生一切相對法，此兩者皆同時並呈，實然亦是在彰顯兩種狀況：前為佛境，於此境界裡，一切相融為一、無執無著，故曰：「外於相離相，內於空離空」；[69] 後為眾生知見，於此知見中，一切有分有別、有執有著，故曰：「若全著相，即長邪見。若全執空，即長無明」。[70] 眾生知見雖不同於佛悟入之境，但眾生所執之相對法，亦不離皆由思量、轉識而然，而思量、轉識所生之法，亦皆源於自性之起用，如是亦可言：自性起用之正、邪與善用、惡用，則決定佛與眾生之差異。[71]

　　觀《六祖壇經》論自性、論轉識、論起用，並將其串連為之立論，其

---

[68] 元・宗寶，《六祖壇經・付囑品》，T48，p.360b4-5。

[69] 元・宗寶，《六祖壇經・付囑品》，T48，p.360b22-23。

[70] 元・宗寶，《六祖壇經・付囑品》，T48，p.360b23-24。

[71] 元・宗寶，《六祖壇經・付囑品》：「生六識、出六門、見六塵，如是一十八界，皆從自性起用。自性若邪，起十八邪。自性若正，起十八正。若惡用即眾生用，善用即佛用。用由何等，由自性有。」T48，p.360b5-9。

目的無非是在彰明於一切境界、一切法、一切事物皆不可執之，故在一切境界與法上，其論是：「出沒即離兩邊，說一切法莫離自性」，[72] 超越對待之兩邊，正是不落執持之態度與方法，且為能引領學人不執於兩邊之對待法中，其所提出之方法是：「問有將無對，問無將有對。問凡以聖對，問聖以凡對。二道相因，生中道義」，[73] 此為日常問對時所應秉持之態度，相對法起於相較、相因而成，故當不執於某一邊時，反能呈顯真實之全面，如是之體悟，可試由觀日、夜流轉以得之：日、夜更迭是天道之常行，日、夜是各依彼此相較、相因而成，然日與夜實是天道之全面。

　　《六祖壇經》為顯全面與中道，故採取去除對待、離卻兩邊之態度與方法，此一方面可避免落於有、無之過患，於另一方面實為展現佛境悟入之不可思議處。[74] 執有或執空皆是偏執，皆與自性能含萬法是大之論相違背。佛境之悟入本是自性之本覺，在自性本自具足萬法之下，悟者之心地，理應是一和諧、和融之境界。若以大自然界喻之：觀萬物萬類之存在本為一事實之呈現，此中本無尊卑、高下之分，各自皆各得其所、各安其位，然一旦有彼此之界分，則利己傷他之事即然產生，此於自性而言，即是因思量、轉識所將產生有、無之過患。《六祖壇經》雖強調自性本自具足，然亦不廢修行，但卻又不可執持之，故於修行與法之關係上，所論是：「但依法修行，無住相法施」，[75] 將修行與無住連結，正是離卻有、無

---

72 元‧宗寶，《六祖壇經‧付囑品》，T48，p.360a27-28。

73 元‧宗寶，《六祖壇經‧付囑品》，T48，p.360c6-7。

74 無礙（1979），〈頓悟禪的真面目〉：「頓悟是在於自然處，以佛教從來的用語，稱謂『心無所得』、『心無所住』、『知一切法是一切法』、『萬法來證一心』，在此自然處生一轉機。由悟自身看之，是如斯自然。但由一般知性看之，稱謂不思議。」收錄於張曼濤主編，《禪宗思想與歷史》（臺北：大乘文化出版社），頁134。

75 元‧宗寶，《六祖壇經‧付囑品》，T48，p.360c3-4。

過患以顯中道之修行方法，顯然，即或一再強調自性本自具足萬法，但又與依法修行、無住相形成一全面性之修證悟入之法，此為其特殊之處。

陸、佛土之示現

佛土本意指為佛所居之地，佛是正覺者，其居處當依其大願所成，論佛土除能展現佛之願力外，實然更能得出諸佛如何觀照一切法界之土。由本〈佛土之示現〉探究，得知：《華嚴經》是立於建構一大華藏莊嚴世界海，此中之無量法界層層相因、重重無盡，彼此互融互攝，然如是之建構並非僅在敷陳佛土之盛況，而是為引渡眾生皆可由信解以至悟入諸佛之境界。《六祖壇經》是以自性本淨為立論，故強調淨土在自性中，不必向外求覓。顯然，論佛土之終究是為指向由己發心而證入，此為華嚴與禪論淨土之共同特殊性。[76]

一、《華嚴經》現諸國土平等隨入無差別

依《華嚴經》論佛始成正覺所展現之佛土境界是：「於諸國土平等隨入」，如是所建構之世界，已非僅指現實世間，其論乃是指向無限時間、無量空間之廣大無邊世界一一皆能相融相攝為一整體，其總名曰「華藏莊嚴世界海」，如是世界海之特色據〈華藏世界品〉所描述是：

> 爾時，普賢菩薩復告大眾言：諸佛子！此華藏莊嚴世界海，是毘盧遮那如來往昔於世界海微塵數劫修菩薩行時，一一劫中親近世界海微塵數佛，一一佛

---

[76] 印順（2003），《淨土與禪》：「淨土，即清淨的地方，或莊嚴淨妙的世界。佛法實可總結他的精義為『淨』，淨是佛法的核心。淨有二方面：一、眾生的清淨，二、世界的清淨。」（新竹：正聞出版社），頁 3-4。

所淨修世界海微塵數，大願之所嚴淨。[77]

華藏世界海，法界等無別。莊嚴極清淨，安住於虛空。此世界海中，剎種難思議。一一皆自在，各各無雜亂。[78]

此中呈顯兩大意義：一、華藏莊嚴世界海是依毘盧遮那佛所成，毘盧遮那佛是諸佛共成之名，而如是之因緣，是立於諸佛於過往世修菩薩道時，已曾親近供養無量諸佛，以是而結下無量之佛緣，顯然，此是將因緣溯及至無量過往世，且以修證成佛而連結為一整體之世界海；換言之，《華嚴經》於經文之開端是先立於佛果之成正覺與華藏世界海之建構，然其內涵深義卻仍不離強調因中之修證。二、華藏莊嚴世界海是由各各法界所網結而成，依法界之義，本各指不同之領域，然在此世界海中，各法界是以平等無差別、自在無雜亂而各自呈現，顯然，華藏世界海所呈顯之特色並非是混同為一大整體，而是一一各法界各安其位、各得其所之相融無礙之國土示現。[79]《華嚴經》為展現佛始成正覺之威德光明無所不遍，以是極力敷陳華藏莊嚴世界海之盛況，唯此世界海之建構，是源於甚多不同因緣條件組合而成，總約有「十種事」，[80]唯如是以甚大篇幅所建構剎網無量之世界海，於《華嚴經》而言，僅是其中之一部分；換言之，世界海之建構是先立於一大整體之觀照，而其意旨宗趣則如澄觀大師所云：

---

[77] 八十《華嚴經‧華藏世界品》卷 8，T10，p.39a16-20。

[78] 八十《華嚴經‧華藏世界品》卷 10，T10，p.51b15-18。

[79] 方立天（1991），《法藏》：「蓮華藏世界不是淨穢不二的淨土，而是主伴具足，如同帝釋天宮殿的天網一般的重重無盡的境界。以中央世界種為中心，又有其他眾多世界種，羅列成如網的圍罩，構成世界網。一一世界種中眾寶莊嚴，佛在其中，眾生也充滿期間。」（臺北：東大圖書公司），頁 195。

[80] 參見八十《華嚴經‧世界成就品》卷 7，本品所論「世界海有十種事」，依次是：「世界海起具因緣、世界海所依住、世界海形狀、世界海體性、世界海莊嚴、世界海清淨、世界海佛出興、世界海劫住、世界海劫轉變差別、世界海無差別門。」T10，p.35a19-23。

一令諸菩薩發大信解，悟入為趣。謂令知佛及菩薩大悲行海廣覆無邊，盡眾生界，儆而行故，世界無邊悉嚴淨故，眾生無邊悉化度故。剎由心異，當淨自心及他心故。世界重重無盡無盡，故大行願悉充滿故。佛界生界非一非異，能正了知大智故，未能了者，熏成種故，皆意趣也。[81]

此中之重點約有三：一、肯定法界無量，若以群生而論，則不僅限於人類，實可上至諸天，乃至遍及一切飛、潛、動、植等。二、因於法界無量無邊，則佛、菩薩度眾亦將無有窮盡時，此是大悲心之展現。三、強調「心」為一切之關鍵，佛與眾生或有別、或無別，皆起於心，故有：「如是一切剎，心畫師所成」、「隨眾生心行，見諸剎亦然」、「一一心念中，出生無量剎」等，[82] 如是皆能看出華嚴之修證是以心為主導之論述。

《華嚴經》所建構之華藏莊嚴世界海是一涵容豐富且遍滿之境界景象，於此世界之特點是：每一世界皆具含無量剎微塵數之世界，如是層層、重重而無盡，此亦可言：華藏莊嚴世界海是一永無窮盡之世界，且以「網」字形容所有世界海是一共同體，彼此是具有相融、相攝之關係。以今時網際網絡之發展，所謂「網」是指一種快速連結之關係，在網絡之世界裡，一切資訊之傳送可謂幾達無遠弗屆，然亦正因網絡資訊之連結快速，以致傳播與取得資訊之徑已甚為容易，而便利與無所不遍是網絡傳播之優點，但同理，若所傳播是負面或錯誤之訊息，則所造成之損害亦將是全面性。以是有關網絡倫理之守則與秩序，已被嚴格要求必然遵行之。顯然，當生命已成共同體之一個「大一」時，其中之任何一個「小一」，皆將對全體產生甚大之影響，此已為無庸置疑，故如何使任何網絡傳播者之

---

[81] 唐・澄觀《華嚴經疏》卷11，T35，p.573c4-11。
[82] 八十《華嚴經・華藏世界品》卷10，T10，p.51c21-52a15。

「首端」是先立於良善、正向之面，則為當今人類所亟欲解決之問題。而由《華嚴經》所建構之一即一切、一切即一之理論境界，其「一」是先立足在「佛始成正覺境界」；換言之，《華嚴經》強調起始之「一」是一重要關鍵，當能依佛正覺境界為起點，而開展至「一切」時，則所涵攝才能一皆依佛正覺境界而無限延伸，顯然，唯有在「一真」之下，則才能「一切真」，以是《華嚴經》所營建之世界海，一皆是無量剎海之佛境界，而此即是《華嚴經》論國土海之真實用意。

二、《六祖壇經》求淨土在自性清淨中

當以淨土為可立成一宗派時，則所謂淨土，除代表諸佛各依所發之願以成就其淨土之景象外，如是之部分是重在諸佛之修持以證成之果；然當本為諸佛所居之淨土，可成為眾生依持佛之名號以得往生佛土時，如是之部分則一方面重在眾生之修持，必再加上仰仗佛力之加被。顯然，當淨土宗成為一修證法門之特色時，則如何立修持之發心、歷程以至證成等，其重點則放在眾生之自身上。

依淨土法門之興揚，其中特以西方阿彌陀佛淨土、東方藥師如來淨土，以及未來彌勒淨土等較具代表性。於淨土修持之觀念上，依《六祖壇經》對門人持佛名號是否得生淨土之釋疑是：「迷人念佛求生於彼，悟人自淨其心」，[83] 顯然，淨土之往生與否，已不在仰仗佛力上，而是自身之修證問題。《六祖壇經》所論有關自身之修證，其重點是放在「心淨」，並不強調往東與往西，此一方面因於所謂東與西，是方位之問題，而方位之界定本是依某一設定之點為中心而視之；換言之，當立於不同中心位置時，則所謂東與西之界定亦將隨之而改變，以是其對東方與西方之論是：「東

---

[83] 元·宗寶，《六祖壇經·疑問品》，T48，p.352a19-20。

方人造罪，念佛求生西方。西方人造罪，念佛求生何國？」[84] 此乃說明唯有自淨其心才能與淨土真實相應之。

《六祖壇經》對心淨之釋義，是以修持之清淨與否為主要關鍵，故云：「先除十惡即行十萬，後除八邪乃過八千。但行十善，何須更願往生。不斷十惡之心，何佛即來迎請。」[85] 若論西方有十萬八千里，此為依相而論，且依其曾引《金剛經》：「凡所有相皆是虛妄」之語，[86] 亦能明知：於相而論終究成空，故淨土之證成若依相而得往生，則將無法契入，以是將依相而論之淨土，返歸在自身之修持上，而十惡八邪正是修持所要對治之對象，且依戒淨即心淨，其修證主要在斷除一切之邪惡，此乃是著重將外在之塵勞擯退，實則於清淨之本心無有染著，故云：「念念見性常行平直，到如彈指，便覩彌陀」，[87] 此正是其之一貫之主旨。

當立於自性本自具足、清淨之上，則一切之修證必向內而尋，以是於淨土之求往，《六祖壇經》所闡述之重點則是：「隨其心淨，即佛土淨」，又：「隨所住處恆安樂」，又：「但心清淨，即是自性西方」，又：「菩提只向心覓，何勞向外求玄，聽說依此修行，西方只在目前」等，[88] 對於淨土之願生法門，是著重在心淨則淨土即在眼前，往生之方位並不是重點，如是之論述，並非在否定佛淨土之說，觀其對門人有關淨土往生之釋疑，是以學人根本之修持為主要入手；換言之，心地之光明與心念之善良，才是決定是否能與佛心相應而得往生之關鍵，故在其所論淨土法門之闡述裡，是一再強調心之悟與否，是決定佛土之得見與否，而以此之論有：「說遠為

---

[84] 元·宗寶，《六祖壇經·疑問品》，T48，p.352a22-23。

[85] 元·宗寶，《六祖壇經·疑問品》，T48，p.352a27-b1。

[86] 此語引見於元·宗寶，《六祖壇經·行由品》，T48，p.348c3。

[87] 元·宗寶，《六祖壇經·疑問品》，T48，p.352a28-29。

[88] 以上所引皆見於元·宗寶，《六祖壇經·疑問品》，T48，p.352a19-c7。

其下根，說近為其上智。人有兩種，法無兩般。迷悟有殊，見有遲疾」，[89]依之可見：是迷、悟造成於法門修證之差異，若於悟者而言，則一切法門皆可為證得成佛之路徑。

《六祖壇經》特以自性本自具足為其立論宗旨，以是其所論之淨土是建構在此本最圓滿具足之標準上，依此理念宗旨，則淨土理應我本自具足，若再欲求往生淨土處，顯然已落入第二階次。正因其標榜自性本自具足，此已是立於最高圓滿之上，而此即其所謂之頓悟，以是在自性本自具足與頓悟為其大前提之下，則常日之修證，已非是依漸修之後所得之悟，而是以本自具足之頓悟為前提標準，而漸修則只是保持此本自具足之頓悟永遠在高標準前提上，故有云：「若悟無生頓法，見西方只在剎那」，[90]正是對自性本自具足之頓悟之闡述，而「常行十善，天堂便至」，[91]即是對依自性本自具足之頓悟為前提之保持。

隨著淨土宗與禪宗之法脈發展，於後世雖有對禪與淨之異同做出比較，[92]但依《六祖壇經》之論，自性、本心即是佛，此乃是將人性立於最高之點上，亦可言：一切眾生其本是佛，故其法門之重點在強調頓見本性，以是「直指人心、見性成佛」則成為禪門之風格，[93]在修證上則較不論及階次，然此並非意指其否定修行，而是其所重在將本自具足之佛性呈顯而出，既要將本自具足之佛性呈顯，以是所採取之方法是悟本自具足，

---

[89] 元・宗寶，《六祖壇經・疑問品》，T48，p.352a18-19。

[90] 元・宗寶，《六祖壇經・疑問品》，T48，p.352b2。

[91] 元・宗寶，《六祖壇經・疑問品》，T48，p.352b14-15。

[92] 有關禪、淨之異同，可參見陳揚炯（2000），《中國淨土宗通史》（南京：江蘇古籍出版社），頁 417-423。

[93] 印順（1983），《中國禪宗史》：「曹溪禪的特色，是『直了』，『直指』，學者是『直入』，『頓入』。」（臺北：正聞出版社），頁 381。

而不是採漸次向外尋覓。既以頓悟為修證之本，則不必然要依靠某特定修持方法，故於淨土得見與否，自不同於依持佛名號而得往生，而是在當下此土即可得見。

柒、結論

隨佛法之發展，於中唐時期有教禪之爭，此為當是時之一種現象，而宗密以和會立場力主教禪一致之論。考之由天台智顗、華嚴法藏之判教論，至宗密之教禪一致主張，如是皆有為佛法循一各自安置以達和諧之態度與方向，於此，暫不評論其所臻至之效果，但法義之真實目的在對治，論對治則首重在恰當適宜，實無法以己立場以強分法義之高下。若依如是之思惟以觀之於佛教之諸宗派，則華嚴與禪宗本是各自獨立為一法門，然就佛教之歷史發展，大乘佛法所強調傾重於度眾之本懷，明顯與自觀照五蘊皆無常以求解脫確有不同。在同屬中國所發展之大乘法義中，《華嚴經》提出佛始成正覺與《六祖壇經》之自性具足，此是先立足在圓滿、完美之意旨下，若以如是之角度以思華嚴與禪之關係，則兩家不但有互為相應之理論立意，[94] 更見兩家強調立於真、善、美為端緒之重要性。

試思兩宗立論主旨於現今時代之意義：

由《華嚴經》所建構之華藏莊嚴世界海，實然在說明所謂無量之世界，其世界之義涵可大至一國、一族等，亦可小至一家、一人，乃至一花、一草、一微生菌等，在生命共同體之下而形成一網。網際網路之資訊發展，是近幾十年之成果，此是資訊科技亮眼之表現，但當一切之傳播或

---

[94] 曾普信（1978），〈華嚴與禪〉：「為了補救缺乏實踐性的華嚴而活動出來的就是馬祖禪、曹洞禪、臨濟禪等，他們不求開悟，無須造作。反面說，本來是佛，更須努力。反正，要只管努力，才是道。可見禪的背景在華嚴。所謂本來成佛，佛在自己身中，是為性起。沒有性起說，禪宗就不能成立。」收錄於張曼濤主編，《華嚴思想論集》（臺北：大乘文化出版社），頁 363。

曼衍皆是極為迅速時，一即一切，一切即一之理念，正可明證個別之生命皆不可能自獨立於全體之外，顯然，任何一個小小之開端，皆攸關著共同生命體之問題。如是之理念對於現今網路資訊極度蓬勃發展之二十一世紀是甚易被理解、贊同的，且拜科技之賜，因於交通往來之快速便捷，地球村已是一事實之呈現，如是皆在證明所有生命體之互動是日趨頻繁且密切。亦正因生命與生命、生命與環境等彼此關係是更互為融攝之下，於是無量法界共成一體之《華嚴經》宗旨，則已非只是虛構與玄想，而是確然在現實世間為之示現。

《六祖壇經》立於個別生命皆是最完美具足，此一方面肯定個人之主體完美性，將人性置於最光輝之面呈現出來，故力主當體即佛、即禪。顯然，禪宗在營造生命存在之當下才是最重要之課題，且立於生命本皆具足完美，故就生命而言，則本無法強分尊卑貴賤，因任何一生命皆是最獨一尊貴，以是由禪宗所揭示之自性具足之個己生命體，一旦涉及至觀照其他生命時，則首當尊重自己之生命，並尊重他人之生命；同理，維護自己生命，亦當維護他人之生命；以是光輝自己生命，亦當光輝他人之生命。禪宗以自性具足為宗旨，並強調佛是向自身中求，此乃立於能將生命之光輝具足面呈顯即是佛，如是亦可謂以個別生命之內涵本自具足一切為起始。依如是之理念，當在反思於現今地球村與網路世界之事實中，則如何使任何一個「小一」皆能依於正向、善意與美好等而發展，此即為人類全體之福。

本論文由闡述華嚴與禪宗之互應關係裡，所亟欲揭示之義是：在現今全世界為因應環保、病菌等之課題，世界本是一家之理念，已為全世界各國所致力之處，而如何促使世界一家能在和平理念之下而完成，則華嚴立於佛正覺之世界一體觀與禪宗要求自呈現光明本性之理念，或可提供人類一努力之目標與方向：唯能共同護衛正面光明之核心價值，才有可能為全萬物萬類謀求最大之利益。

參考書目

一、佛教典籍（依藏經冊號排列）

東晉・佛馱跋陀羅譯，《大方廣佛華嚴經》，《大正藏》冊 9，第 278 號。

唐・實叉難陀譯，《大方廣佛華嚴經》，《大正藏》冊 10，第 279 號。

唐・般若譯，《大方廣佛華嚴經入不思議解脫境界普賢行願品》，《大正藏》冊 10，第 293 號。

龍樹菩薩造，後秦・鳩摩羅什譯，《大智度論》，《大正藏》冊 25，第 1509 號。

唐・法藏，《華嚴經探玄記》，《大正藏》冊 35，第 1733 號。

唐・澄觀，《大方廣佛華嚴經疏》，《大正藏》冊 35，第 1735 號。

唐・澄觀，《大方廣佛華嚴經隨疏演義鈔》，《大正藏》冊 36，第 1736 號。

隋・慧遠，《大乘義章》，《大正藏》冊 44，第 1851 號。

後秦・僧肇，《肇論》，《大正藏》冊 45，第 1858 號。

唐・法藏，《華嚴一乘教義分齊章》，《大正藏》冊 45，第 1866 號。

隋・杜順說，唐・智儼撰，《華嚴一乘十玄門》，《大正藏》冊 45，第 1868 號。

隋・杜順集，唐・宗密註，《註華嚴法界觀門》，《大正藏》冊 45，第 1884 號。

唐・宗密，《原人論》，《大正藏》冊 45，第 1886 號。

唐・法海，《南宗頓教最上大乘摩訶般若波羅蜜經六祖惠能大師於韶州大梵寺施法壇經》，《大正藏》冊 48，第 2007 號。

元・宗寶，《六祖大師法寶壇經》，《大正藏》冊 48，第 2008 號。

唐・宗密，《禪源諸詮集都序》，《大正藏》冊 48，第 2015 號。

宋・復菴，《華嚴經綸貫》，《卍續藏》冊 4。

二、專書、論文集（依作者姓氏筆畫排列）

川田熊太郎等著，李世傑譯（1989），《華嚴思想》，臺北：法爾出版社。

木村清孝，李惠英譯（1996），《中國華嚴思想史》，臺北：東大圖書公司。

方立天（1991），《法藏》，臺北：東大圖書公司。

方東美（2005），《方東美全集·華嚴宗哲學》，臺北：黎明文化公司。

方東美（2005），《方東美全集·中國大乘佛學》，臺北：黎明文化公司。

印　順（1983），《中國禪宗史》，臺北：正聞出版社。

印　順（2003），《淨土與禪》，新竹：正聞出版社。

宇井伯壽等著，王進瑞等譯（1988），《禪宗論集，華嚴學論集》，臺北：華宇出版社。

牟宗三（2003），《牟宗三先生全集3、4·佛性與般若（上、下）》，臺北：聯經出版公司。

杜松柏（2002），《佛學思想綜述》，臺北：新文豐出版公司。

高柏園（2001），《禪學與中國佛學》，臺北：里仁書局。

麻天祥等（2007），《禪與人間佛教——2007年佛學研究論文集》，高雄：佛光文教基金會。

陳揚炯（2000），《中國淨土宗通史》，南京：江蘇古籍出版社。

張曼濤主編（1976），《六祖壇經研究論集》，臺北：大乘文化出版社。

張曼濤主編（1978），《華嚴學概論》，臺北：大乘文化出版社。

張曼濤主編（1978），《華嚴思想論集》，臺北：大乘文化出版社。

張曼濤主編（1978），《華嚴宗之判教及其發展》，臺北：大乘文化出版社。

張曼濤主編（1978），《華嚴典籍研究》，臺北：大乘文化出版社。

張曼濤主編（1979），《禪宗思想與歷史》，臺北：大乘文化出版社。

湯用彤（1979），《漢魏兩晉南北朝佛教史》，臺北：臺灣商務印書館。

劉貴傑（2002），《華嚴宗入門》，臺北：東大圖書公司。

賴永海等（2006），《禪與人間佛教——2006年佛學研究論文集》，高雄：佛光文教基金會。

鎌田茂雄著，慈怡譯（1993），《華嚴經講道》，高雄：佛光出版社。

龜川教信著，印海譯（2004），《華嚴學》，臺北：嚴寬祜文教基金會。

釋繼夢（1993），《華嚴宗哲學概要》，臺北：圓明出版社。

國家圖書館出版品預行編目 (CIP) 資料

華嚴世界的修行 / 胡順萍著 . -- 初版 . -- 臺北
市 : 元華文創 , 民 106.01
　　面；　公分
　　ISBN 978-986-393-896-5 (平裝)

1. 華嚴部

221.2　　　　　　　　　　　　　105019762

華嚴世界的修行

胡順萍　著

發 行 人：陳文鋒

出 版 者：元華文創股份有限公司

聯絡地址：100 臺北市中正區重慶南路二段 51 號 5 樓

電　　話：(02) 2351-1607

傳　　真：(02) 2351-1549

網　　址：www.eculture.com.tw

E - m a i l：service@eculture.com.tw

出版年月：2017 (民 106) 年 1 月 初版

定　　價：270 元

I S B N　：978-986-393-896-5

總 經 銷：易可數位行銷股份有限公司

地　　址：231 新北市新店區寶橋路 235 巷 6 弄 3 號 5 樓

電　　話：(02) 8911-0825　　傳　　真：(02) 8911-0801